Basic Studies for Violin technics Shino Morimoto

森元志乃のヴァイオリン基礎テクニック、リターンズ!

―1回5分の基礎練習で上達する

森元志乃 著

Contents ヴァイオリン 基礎テクニック、リターンズ！

表紙のことば

木工作業を終えた、ニスを塗る前の“ホワイトヴァイオリン”――その完成されたフォルムは、まるで基礎はこうあるべきと語るかのように凛として美しい。

表紙の楽器：2018年製作の《アントニオ・ストラディバリ》1705年モデル。この後、30〜40回のニス塗り、磨き工程の後、部品を組み込んで弦を張り、完成となる。完成形は裏表紙に。この楽器は、2018年9月のクレモナ第15回トリエンナーレ国際弦楽器製作コンクールに出品されたもの。

製作家／菊田 浩（きくた・ひろし）：1961年名古屋生まれ。2001年よりクレモナにて弦楽器を製作。06年、ヴィエニアフスキ国際ヴァイオリン製作コンクールにて、日本人として初優勝と同時に最優秀音響賞受賞。07年、チャイコフスキー国際コンクール、ヴァイオリン製作部門にて優勝。

菊田ヴァイオリン工房 http://www.violino45.net/

森元志乃の
ヴァイオリン 基礎テクニック、リターンズ！

1回5分の基礎練習で上達する

　大人の初心者をはじめ多くのヴァイオリン初学者たちに福音をもたらしてきた指導者・森元志乃。『ヴァイオリン各駅停車』等の著書でも知られるカリスマ講師である。

　初心者・ベテラン問わず、「もっと上手くなるためには、基礎に返る」ワザを伝授。「1回5分で良いから」少しずつ練習し、何度か繰り返すうちには、各人が自分なりの方法を手に入れているはず。――弦楽器マガジン『サラサーテ』連載で人気を集めている「基礎テクニック、リターンズ！」。これを1冊にまとめ、より実用的なものとしてお届けする。さあ、あらためて“リターン！”してみよう。

はじめに

基礎練習に〝リターン〟するワケ

毎日5分でできる、「基礎練習」を!!

ある日、長い付き合いのアマチュアの友人が、縋（すが）るような目で語り掛けてきた。

「今になって基礎練習の必要性が、わかってきたんです」（それは素晴らしい！）

「でも、時間がないんです。オーケストラで弾く曲の練習で手一杯で」（わかるわかる）

「それで、お願いがあるんですが、『毎日5分でできる基礎練習』みたいなもの、作っていただけませんか？」（ご、5分⁉）

「5分が無理なら10分でも、いや15分でもいいんです！」

……うむ。これはまた難しいことを。


考えてみれば、多くのアマチュアの「ヴァイオリン奏者としての生活」は、本来必要とされる『基礎トレーニング』や『基礎練習』無しで、『試合』に出るための『応用練習』だけを行い（それもわずかな時間の中で）、『練習試合』や『試合』に出続ける——そんな劣悪な環境に置かれたスポーツ選手のそれに近いもののような気がする。

『応用練習（主にアンサンブル技術の獲得）』は重ねてきた。なので、チームとしての体裁は整っている。でも、個々の奏者は？ と考えると、必ずしも奏者全員それぞれに著しい上達が見られるわけではなく、そこには妙に〝試合慣れ〟したプレイヤーがいるだけ、そんな事態に陥っていることも少なくない。だから。

〝彼〟は、ふと思うのだ。——「自分の思う通りに弾けているのだろうか」と。「自分は本当に上達しているのだろうか？」「曲が変わる度に毎回〝一〟からになっていないだろうか？」……「大体、自分はきちんと弾けているのか？」。


♪


誰しもが『基礎（練習）』の重要性・必要性を理解している。にも拘（かかわ）らず、怠りがちである。そこには、「時間がない」という御しがたい理由もあるだろうが、もしかすると、「何をどう練習すればいいのか、わからない」というのが本当のところかもしれない。

圧倒的な挫折感に襲われた時、初めて「基礎が足りない」と実感する。そこで多くの人はこう思う——「そうだ！エチュード(練習曲)を勉強しよう！」。そうして、取り掛かる。例えば『カイザー』、例えば『クロイツェル』。

それで結果を出せる人もいるだろう。でも、さらなる挫折感を味わう人も少なくない。何しろエチュード、結構難しい。その内容は『練習試合』と、あまり変わらない。選び間違えると、譜読みだけで疲弊する。継続が重要な基礎練習、疲れて続かないのではまるで意味がない。

では、何をどう勉強すればよいのか？　ということで今回ご紹介するのが『1回5分の基礎練習』。

基礎練習の必要と内容

〝基礎練習〟は主に、「関節可動域の拡大」「柔軟性の向上」「瞬発力アップ」など、演奏に必要な身体能力の底上げを目指すものだ。それは〈奏法別の基礎練習〉とは違い、もう少し根源的で根本的なものである。何かをできるようにするためのものではなく、何かができるようになるための身体を作ることが目的だから、『練習のための練習』と言ってもよいかもしれない。

それは、スポーツにおける基礎体力・持久力強化のための「ランニング（走り込み）」のようなものであり、野球やゴルフ、剣道などの「素振り」のようなものでもある。ちなみに、後者においてはその指導書にこういう記述を見る――「ただ何となく行えばよいわけではない。必要なのは〝回数〟ではなく〝質の高さ〟」。

「よりハイレベルで、より質の高い演奏」を行うためには、より完成度の高い身体を作り、それを自在に使いこなす能力が必要になる。しかし、それには楽曲の練習だけでは内容的にも時間的にも足りない。

基礎練習をすることで、練習やレッスン中に学習したことを身体にしっかり落とし込むことができるし、ウォームアップやクールダウンにもなる。諸事情で休養した後のリハビリにも使える。加齢で落ちてくる筋肉・筋力をキープするためにも役立つ。その日の自身の状態を読むこともできる。基礎練習課題で躓（つまず）いている時には演奏（技法）に支障が出ている場合があるから、テクニックの見直しにもなる。

演奏時間が同時に「身体を作る時間」だと考えると、演奏（練習）時間が短い人ほど〝基礎練習〟が必要であり、有効だということにもなる。基礎練習を行ったからといって、すぐさまオーケストラ曲やソロ曲が弾けるようになるものではないが、確実に演奏は安定してくる。

目の前の曲が弾けるようになることも喜びではあるが、自身が少しずつでも上達し、それを実感することができれば、練習はさらに楽しくなるに違いない。

第1章
基礎課題と練習の手順・内容／全弓

〈全弓――単音〉

　最初に「基礎課題」とはどういうものなのかをご紹介しよう。まずは、ボウイングに特化した〈全弓～単音〉課題P09の【楽譜1-A】。

「ええ？ これくらいできるよ」「楽勝！」――そう思った方もぜひ、お試しあれ。

【手順】

1. できるだけ静かな環境を作る。
2. 集中力を高める。
　（＝一度目を閉じ、耳に意識を集中させる）
3. 出したい音をイメージする。
4. 自分の音をよく聴きながら、弾く。
5. 気付いたことをフィードバック。

　目標は、「よく響く良い音を安定的に出せるようにすること」。

　手に入れたいのは、余分な負荷が掛かっていない自然な弦の振動を持続させる能力。

〝敵〟は「掠れ」「割れ」「ぶれ」「揺れ」「震え」……「雑音」。

　注意すべきは、「音の語頭（発音）＆語尾」。危ない場所は「弓の返し」や「移弦」。

　特にテンポ指定が無いと、つい自分の弾きやすい速さで弾いてしまう傾向がある。色々な速さで弾いてみよう。『超高速全弓』『超低速全弓』＊なんて最高の課題だ。

　この課題は基本的に、弓がまっすぐ弾けていなければ上手くいかない。

　まっすぐに弾くためには弓をコントロールできていなければならない。弓をコントロールするためには弓を正しく持てていなければならないし、ボウイングと呼吸がシンクロしていなければならない。逆に言えば、この目標を達成した時には、そういった課題をある程度クリアしているということにもなる。開放弦のボウイングを見れば、その人の技量がわかると言われる所以である。侮れない。

♪

「弓が震える」という経験をした方、いらっしゃるだろう。その原因は確かに、「緊張による痙攣」であることが多いのだが、そうとも言えない事例を何度か見たことがある。

　その一つが、『ロングトーンの練習不足』である。「ロングトーンを練習したことがない」＝「ロング

＊『超高速運弓』『超低速運弓』P.08コラム参照

トーンに必要な筋肉・筋力&神経系が鍛えられていない」→「弓を保とうとして不要な力が入る」、「動作に慣れていない」→「慣れていないから不安感が生じる」、「ゆっくり弓を動かす動作と呼吸との兼ね合いが分かっていない」→「息を詰める（呼吸を止めてしまう）」、結果として「（心身共に緊張して）弓が震える」。

　これが『基礎練習』『基礎トレーニング』が足りなくて起きる問題の一例である。

　この『基礎練習』にはどんな効果があって、それをすると何を得られるのか、改めて考えてみよう。枕詞は、「続ければ」である。（注:毎日である必要はない）

○基礎・基本がマスターできる。

○演奏に必要な最低限の身体を作ることができる。

○マスターした基礎、作った身体をキープすることができる。

○ボウイングテクニック全体のベースアップができる。

○楽器＆自身の（その時点での）技術的限界及び得手不得手を知ることができる。

○集中力を養うことができる。

○耳の感度を上げることができる。

○耳の切り替え作業が自然に行えるようになる。

○高いフィードバック能力を持つ「良い耳」を作ることができる。

○呼吸と演奏の関係を覚えることができる。

○無理なくレベルアップができる。

○ルーティン化することで、フィードバックが習慣化する。

○その日の楽器＆自身の状態（体調）が分かる。

○荒れた楽器＆自身をリセットすることができる。

○日々基礎練習を行っている自覚が自信に繋がる。

○「あがり」予防の一つの方法になる。

他にも、下記が期待できる。

○ウォームアップ＆クールダウンに使うことで身体への負担が軽くなる。

○（休止を余儀なくされた後の）リハビリに使える。

〈全弓――重音〉

次は〈全弓～重音〉【楽譜1-B】。

この〈重音のボウイング〉は多くを物語る。単音で「誤魔化していた」ことが、はっきり音に出てしまうからだ。演奏中に鳴ってはいけない他の弦が鳴ってしまったという経験は？　移弦の失敗だけでそれが起きるわけではない。一見まっすぐ弾けていても、実は上下にぶれていることがあり、その「ぶれ」が雑音を呼んでいることがあるのだ。

単音では気付きにくい「上下のぶれ」も重音を弾くと一目(耳?)瞭然。二音のバランスをよく聴いてみよう。

ちなみに、こういった課題に見られる〝一定（定量）〟という概念は、どの分野においても学習過程のトップに上がる。これは、「均一」「均質」「等質」「同質」を保つことが難しいから。また、学習中、それが正しく行われているか否かの判断がしやすいという利点も持ち合わせている。「コントロール」を覚えるためには適した課題なのだ。「同じスピード」「同じ圧力」「同じ位置」「同じ弓の量」「同じ音量」＝『一定（量）』を獲得できれば、『増減＝変化』は自身の中で明瞭になる。後は『変化』に幅を付け、それを自在に操れるようになれればバッチリ！

どんなに感覚的に優れていても、どんなに強い想いがあっても、それを表現する術を持っていなければどうにもならない。かといって、いつまでも『技術』に縛られていたくはないし、振り回されたくもない。だからこそ、確実に手にしたい基礎、知っておきたいテクニックの基本。そのための5分。

COLUMN

〈ロングトーン〉との出会い ～“しろたま”の思い出

学生時代は基礎課題にエチュード、楽曲は協奏曲やソナタの学習に追われ、ヴァイオリンの真骨頂ともいえる小品の勉強にまではなかなか至らなかった。その頃、弾きたくて弾けずにいた曲は、『G線上のアリア』『ラフマニノフのヴォカリーズ』『ピアソラのオブリビオン』――心のどこかでそういう何かを求めていたのかもしれない――そうして、ようやくそれらと向き合えるときが来た時、愕然とする。

見た目には易しい「弾けて当然」の曲たち、なのに弾き始めると思うように弾けない。最大の問題は〈ロングトーン〉。たったひとつの白玉音符が弾けないなんて。揺れる、掠(かす)れる、途切れる、震える……。「〈ロングトーン〉を聴けば技量がわかる」という所以(ゆえん)を、レッスンに“しろたまボウイング”が組み込まれていた理由を知る。〈ロングトーン〉――それは永遠の課題？

過激な練習 ～『超高速運弓』&『超低速運弓』に挑戦!

その昔、アンサンブルの練習中に先輩から突然、「一瞬で全弓弾き切れる？」と聞かれた。やってみるができない。音にならない。「じゃあ、ワンボウを60秒かけて弾いてみて」と言われる。これもできない。保てない。自分がいかに“ぬるいボウイング”でことを済ませていたかに気付く。表現力不足、いやそれ以前の問題。「弓がコントロールできていない。身体の一部になっていない。何よりそれを欲していない」、そう叱られる。

先輩は『超高速全弓』も『超低速全弓』も、難なくこなしてみせる。一瞬で消え去る音も、永遠に続くかのような音も、実に美しい。「過激だと思う練習をしておくと、日常使いのボウイングなんて楽勝だよ」、なるほど。「蜂の羽音レベルの超高速デタシェとか、鹿威し(ししおど)レベルの超低速スピッカートとか」。それはどうでしょう、先輩。

楽譜1- A〈全弓–単音〉

楽譜1- B〈全弓–重音〉

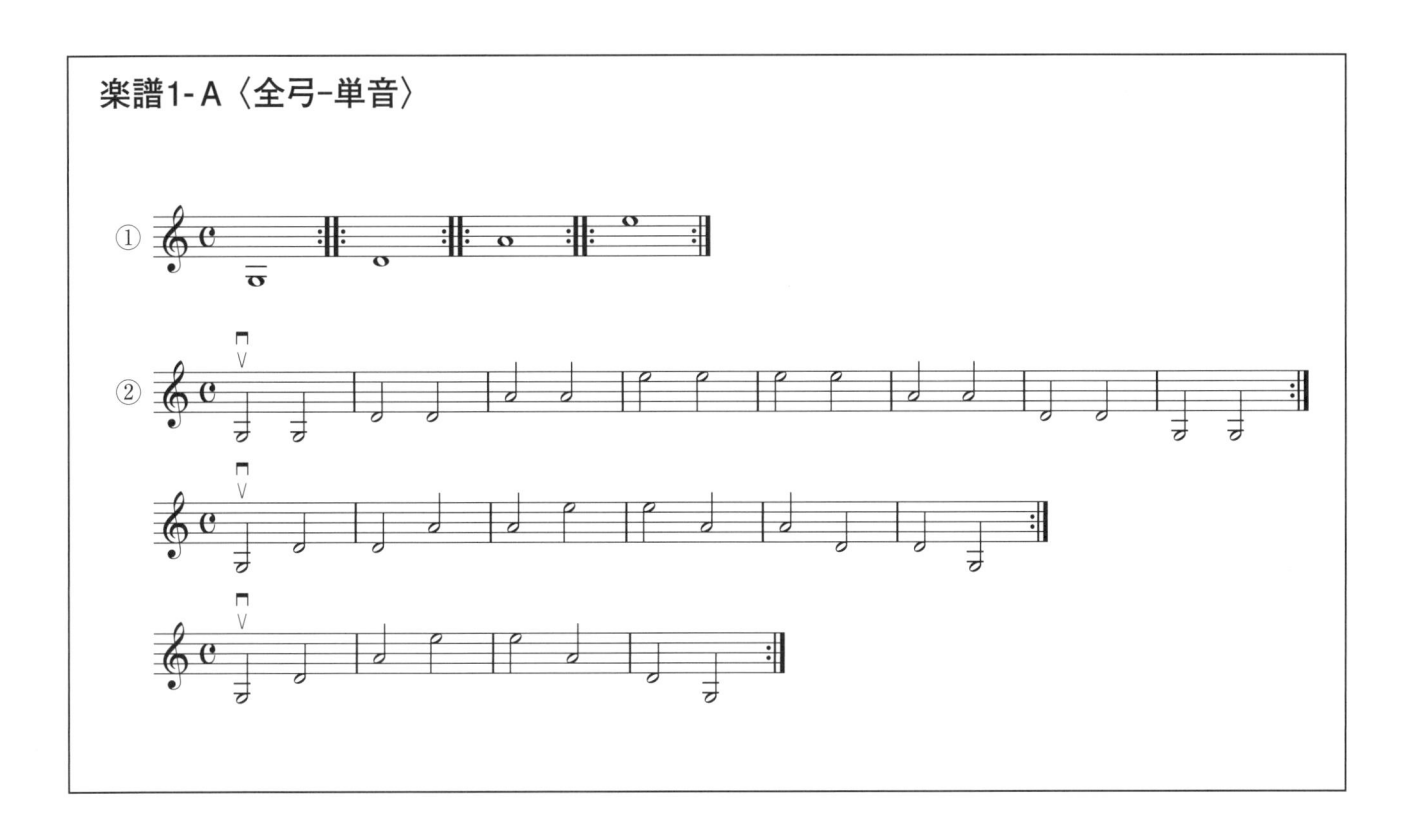

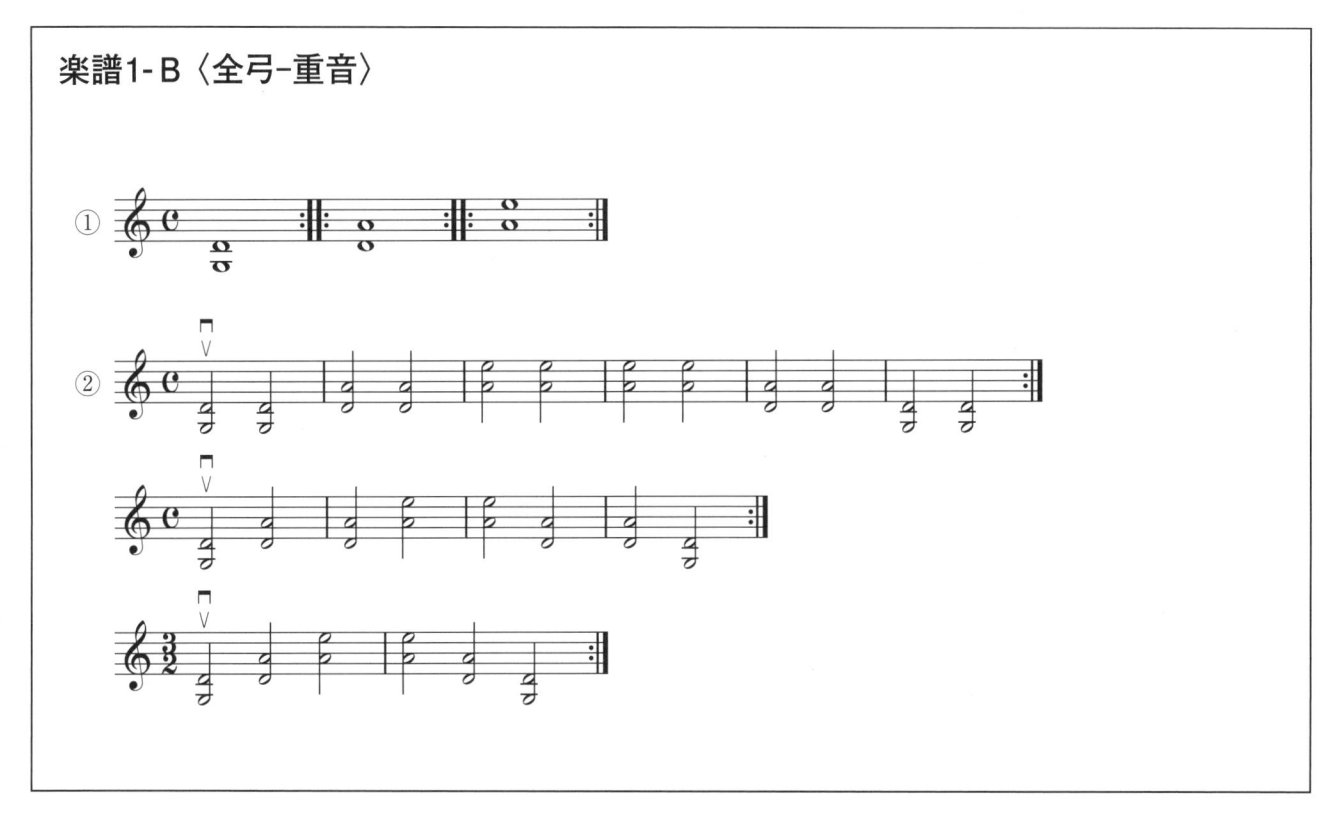

★二分音符課題も、きちんと全弓で弾ける速さで練習する。
〈返し〉〈移弦〉時に音が切れないようにしよう！

第2章 部分弓

弓の〝どこ〟を〝どれだけ〟使って弾く？

全弓課題においては文字通り、弓の端から端まで弾くことを前提にしているし、それを目標にもしている。弓先は身体的条件や技術レベル等により個人差が出てしまうのが現実だが、元弓に関しては、その気になれば誰でも端まで弾くことができる。

しかし、それができない、あるいはそれをしていない人は少なくない。全弓課題だとわかっていても、「なんとなく全弓」で済ませてしまっている、そういう場合は多い。

〈全弓〉という、わかりやすい指示ですら、このようにアバウトに受け止めてしまうことがあるのだから、はっきりとした目印のない〈部分弓〉では、さらに適当になってしまっている可能性がある。部分弓課題においてそれは、何より大切なポイントなのにもかかわらず。

【楽譜2】を見てみよう。弾き始める前にまず、弓のどのあたり（元・真ん中・先）を、どのくらいの分量で（1/2、1/3、1/4……）使って弾くのかを決める。これをしなければ、〈部分弓〉を練習する意味がない。

それが適当になってしまうのは、なぜ〈部分弓〉の練習をするのか、その理由が、わかっていないからだろう。理由がわからなければ、完成形のイメージも見えてこない。楽譜にそう指定されているからというだけで目的なく練習をして、貴重な時間を浪費するのはもったいない。

♪

スタッカートやスピッカートに乱れが生じることがある。そういう時の練習はといえば、それらテクニックに特化したものを取り上げがちだが、よくよくチェックすると、「跳ばすこと・止めること」ができないのではなく、「同じ動きを正確に繰り返す」という根本的な動作を習得していないのだと気付くことがある。

「先弓スタッカートが止まらない」時もまた、止まる止まらない以前に、弓先での連続運弓の動作が身体に入っていない（馴染んでいない）ためにボウイ

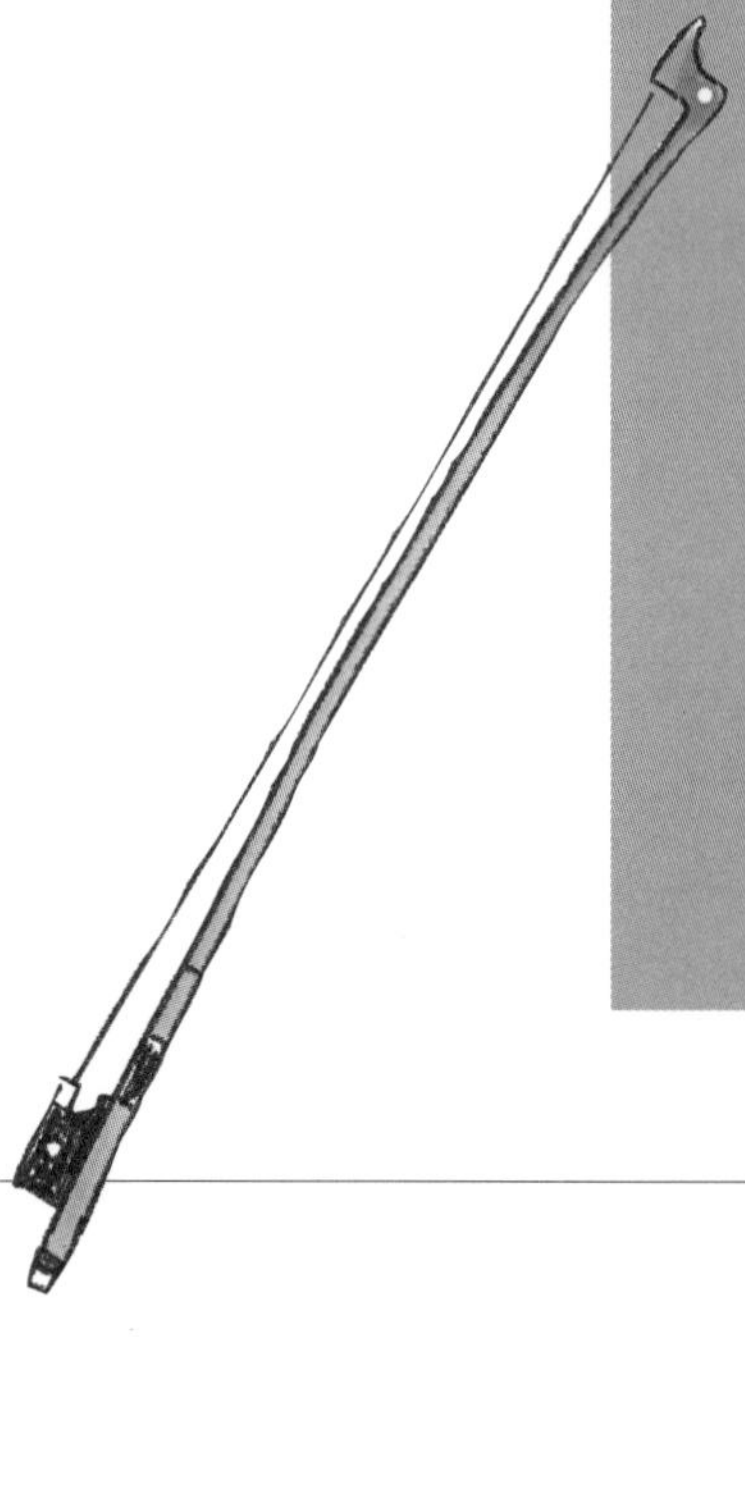

■弓の使用位置と量

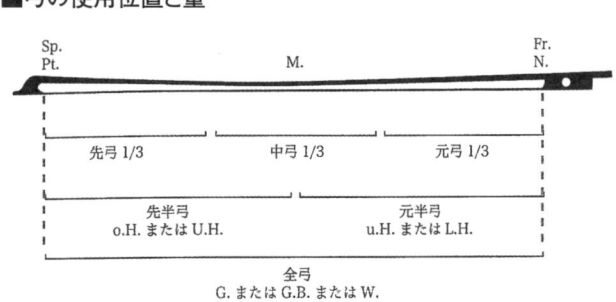

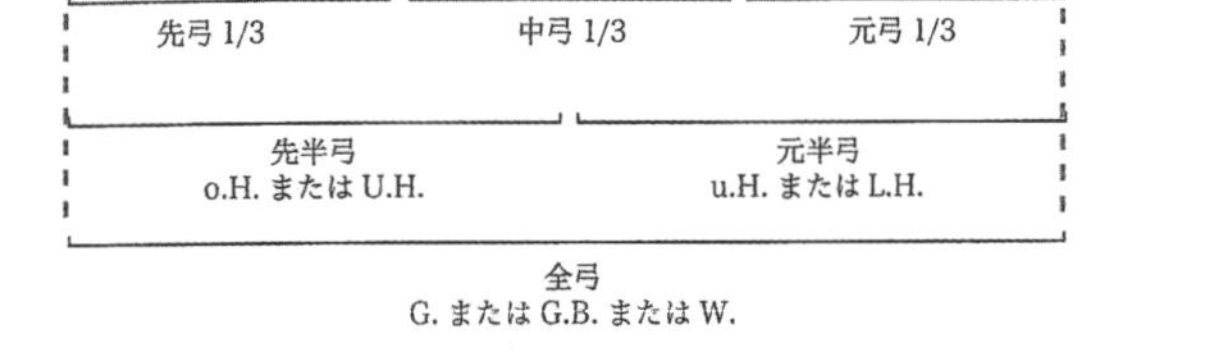

ングが安定せず、より高度な『止め』の作業が行えない状況に陥っている場合がある。
あるボウイングテクニックの習得に時間が掛かる――その原因が、〈部分弓〉の練習不足にあるという例だ。

『使う位置』『使う量』は重要。どちらも1㎝違っただけで弾きやすさが変わる。音楽も変わる。そこで起きる問題は少なくない。例えば。

■使う位置――移弦をすると弦と弦との間隔分（約1㎝）、弾いている位置が変わる。器用な人は無意識にそれを調整して、弾きやすい位置に収めようとするが、意識しないとそれができない人もいる。
『真ん中』といった指定は「真ん中ならどこでもいい」という意味ではない。弓のどのあたりがそのテクニックに適しているかは、正直（それぞれの弓の癖もあって）本人にしか分からない。自分で探すしかない。

■使う量――スタッカートが鈍くなる時、考えられる原因の一つが〝弓の使い過ぎ〟だ。逆に弓が足りない場合には音が割れたり伸びや勢いがなくなったりする。これはある意味、管楽器の『オーバーブロー』に似ているかもしれない。身体の理解力を高めること、それも基礎練習の目的の一つだ。
視点を変えて、「(弓の）どこで始めたいか、どこで終わりたいか」を考えるといいかもしれない。そうすれば自ずと『位置』と『量』が決まる。適当になることもない。

ちなみに、〈弾く場所（駒寄り、真ん中、指板寄り）〉も重要だ。なにかと真ん中あたりで済ませてしまう傾向がある。初期段階でそういう練習をしてしまうからだろうが、表現の幅を広げたいならそれで満足してはいけない。
その点を注意すると、「『駒寄り』を弾いていたつもりなのに気付いたら『真ん中』に戻っているんです」と。『駒寄り』『指板寄り』で弾き続けるためには、『真ん中』を弾く時とは違うスタンスをキープしなければならないのだが、右手がそれを学んでいないのが原因だ。基礎練習で『駒寄り』『指板寄り』のスタンスも身体に入れておこう。

何を練習するか？

スポーツ好きの友人に、基礎練習の話をしていたら、「〈トレーニングの7原則〉を思い出す」と言う。その内容を聞けば、なるほど納得である。練習メニューを決める時に参考になりそうなので紹介しておこう。

1．**意識性（自覚性）の原則**＝目的意識を持ち、内容・効果・方法を十分に理解した上で、実際に使う身体の部位を意識し、集中的に練習を行う。
2．**個別性の原則**＝個々の身体的・精神的特性や現状を考慮し、自分に合った練習（内容）を考え、自分のペースで実践する。
3．**特異性（専門性）の原則**＝あるテクニックや（弱点）要素に特化したものにする。簡単な動作の反復が効果的。
4．**可逆性（反復性・継続性）の原則**＝もとに戻

■トレーニングの7原則
1.意識性(自覚性)の原則
2.個別性の原則
3.特異性(専門性)の原則
4.可逆性(反復性・継続性)の原則
5.過負荷の原則
6.漸進性の原則
7.全体性の原則

■ボウイング用語
Sp.／Spitze(独)、de la pointe(仏)、Pt.／at the point(英)：弓の先の部分。先弓。
M.／Mitte(独)、du milieu(仏)、Middle(英)：弓の真ん中の部分。中弓。
Fr.／Frosch／am Frosch(独)、du talon(仏)、N.／at the nut(英)：弓の手元に近い部分で。元弓。
G.B.／G.／mit ganzem Bogen(独)、tout l'archet(仏)、W.／whole bow:全弓。
H.／half bow(英):弓の半分の長さを使って。
u.H.／an der unteren Bogen／halfte(ß独)、moitie inferieure(仏)、L.H.／lower half(英)：弓の元の方の半分。
o.H.／an der oberen Bogen／halfte(独)、moitie superieure(仏)、U.H.／upper half(ß英)：弓の先の方の半分。

ったり忘れたりしないために定期的、継続的、長期的に練習する。

5．**過負荷の原則**＝少しずつ難度、持続時間、頻度を増していく。人間には適応能力があるため、同じ負荷では上達しない。目的が現状維持・現状確認の場合はこれに当たらない。

6．**漸進性の原則**＝定期的にメニューの見直しをし、状況やレベルに合わせて強度や回数等の修正を行っていく。

7．**全面性の原則**＝俯瞰的な視点を持ち、身体全体のバランスに注意を払い、総合的な能力アップを考える。

どう練習するか？

「何を練習するか」を考えることは大切だが、もっと大切なのは「どう練習するか」だ。

教本や教則本の練習課題にある〈繰り返し〉は楽曲内にあるそれと違い、『反復＝同じことを何度も繰り返すこと』を意味しているのだが、一回繰り返して終わりにしてしまうことも少なくない。これでは習得はできない。かといって漠然と回数を重ねればよいというものでもない。

「いつも同じ場所を間違えてしまう」という経験はないだろうか？　何度も練習したのに、そこに来ると必ずミスをする、ミスはしていないのに何故か止まってしまう。これはインプットを間違えた典型だ。何度も何度も同じ場所で同じミスを繰り返していると、身体はそれを覚えてしまう。丁寧な練習が仇になる例。

「三度続けて間違えたら、一旦手を止め、〈速度を変える、分解練習にするなど〉練習方法を見直す」——これは鉄則。そして、「できるようになったら、最低5回は繰り返す。間違えたらもう一度最初からやり直し」——これもまた鉄則である。これをしないと、正解が身体に入らない。練習は「できてからが勝負」なのだ。

メンタル面も大切にしよう。「何度やってもできない」→ミスするかもしれないという不安や恐怖がミスを呼ぶ。「しなければならない」→must＝義務意識は学習能力を下げ、継続も困難になる。

モチベーションを保てる練習内容・練習方法を見つけよう。

♪

もう一つ忘れられがちなファクターが『持久力』である。できるかどうかと、それを続けられるかどうかは、また別だ。スピッカートが8小節続くとヘロヘロになる、なんてことは？　時間が許すなら、「『刻み』往復1000回、トレモロ連続3分」といった練習をしてみるのもいいだろう。

♪

「先が得意」「元が得意」という人がいる。そこに性格的傾向があるような気がしている。

「元が得意」な人は真面目で頑固、興に乗るとガッツガツ弾く。「先が得意」という人はのんびり屋で人見知り、物静かだけどマイペース。「いつも真ん中」の人は、協調性はあるが少し臆病、目立つことや迷惑を掛けることが嫌い。

どうだろう？　あなたは何派？　全弓くまなく使えるようになると、人間も音楽も成長するだろうか？「する」ということに。

楽譜2〈部分弓〉

A 弾く前に決めておこう。

1.奏法 a.デタシェ

b.レガート

c.各種スタッカート

d.各種スピッカート

2.弾く位置（元・中・先）
3.弾く量（1/2、1/3、1/4）
4.速度

★（例）デタシェで真ん中1/3弓を♪=80で弾く

B〈刻み〉や〈トレモロ〉も練習してみよう！

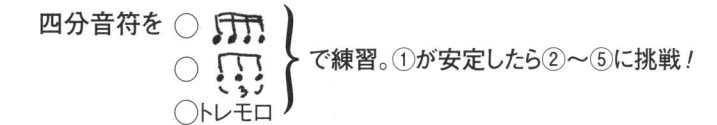

四分音符を ○ ○ ○トレモロ で練習。①が安定したら②～⑤に挑戦！

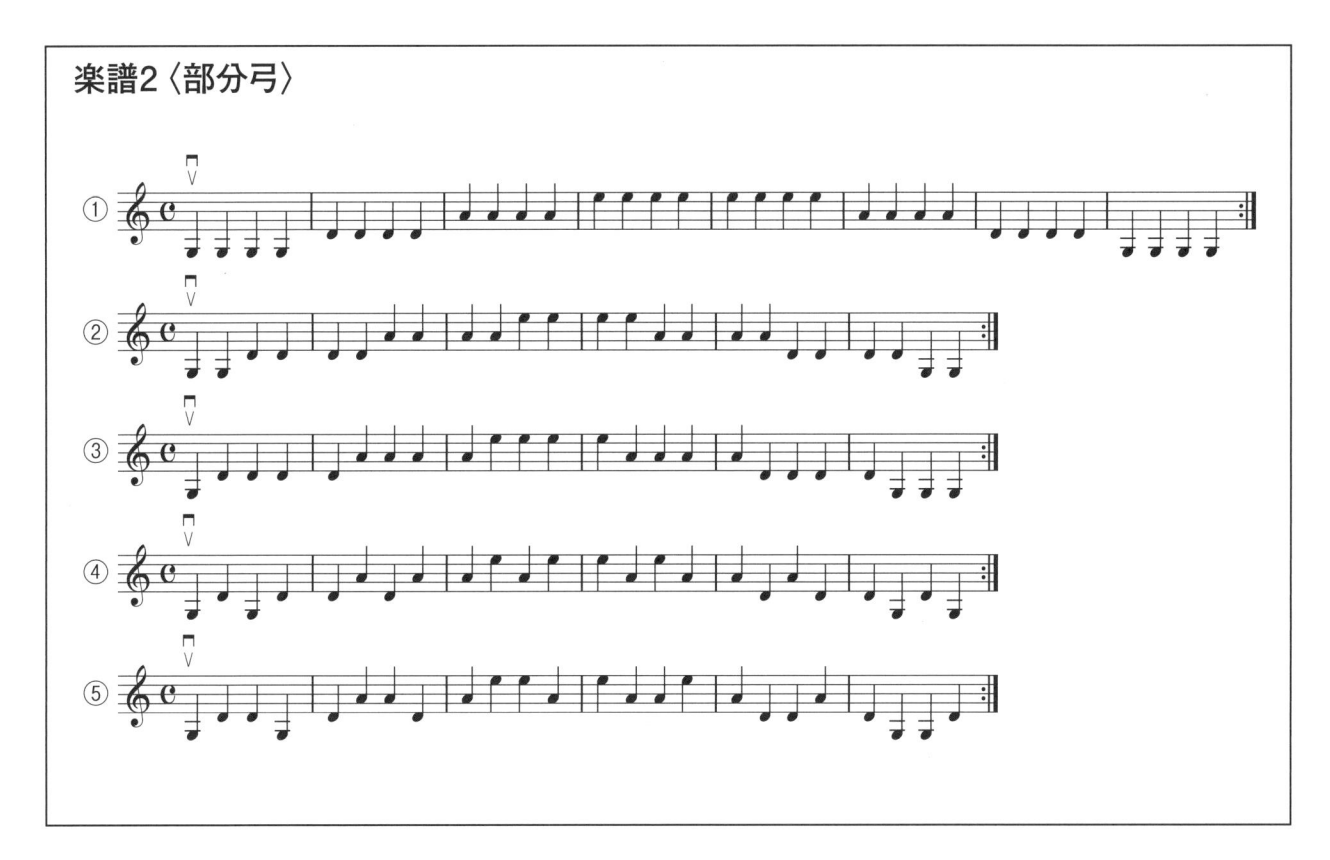

第3章
移弦

ずっと気になっていた、しっかり向き合うべき課題だと薄々気付いていてもいた。でも、「何とかなるだろう」「何とかなったからいいか」と見て見ぬふりをしてきた。それが多くのトラブルの元凶かもしれないのに。もしかすると最も基礎練習が必要な課題かもしれない、〈移弦〉。

それは、いつもどこにでも存在している。レガートが滑らかに弾けない原因でもある。スピッカートやスタッカートが乱れる原因でもある。音楽の流れが止まったり、フレーズに不要な凹凸ができたり、リズムが壊れたり歪んだりする原因でもある。なのに、単体で取り上げられることの少ない課題——それが〈移弦〉である。

移弦の基本動作とモチーフ

移弦パターンは、それだけで本が一冊書けそうなほど種類が多い。練習しようにも、「何をどう練習すればいいかが、わからない」「(全種類挑戦するには)時間がない」という問題がある。しかも、楽曲においては明確にパターン化されているものの方が少ない。それやこれやで、「曲を練習していれば、いずれ自然に身に付くだろう」と、テクニカルに学ぶことを放棄してしまうこともある。ただ、パターンとして類型化する以前の〝移弦の基本動作〟は限られている。これをマスターするだけでも、随分〈移弦〉が楽になる。

是非、試してほしい【楽譜3】。

♪

楽曲やエチュードに存在する〈移弦〉は多種多様である。はっきりとしたパターンを持つものもあれば、規則性を全く持たないものもあり、それらが混在している。目に見える移弦パターンがあれば、それを練習すればよい。

我々が振り回されているのは、いわゆる『隠れ移弦』である。

【譜例①a】を弾いてみよう。『クロイツェル』教本の第5番冒頭。見た目はそれほどでもないのに、意外に弾きにくい。

ここで左手を外して弾いてみよう。それが【譜例①b】で、これはボウイング解析に必須の「右手の要素だけを抽出する」方法である。

大変な左手はなくなった。弾くのは開放弦だけ。が、なぜか左手がある時より弾きにくかったりもする。ボウイングにパターンがあることに気付かなければ、頭も手も混乱すること必至である。

たった一段の楽譜だが、同型モチーフに対して4種

譜例① クロイツェル 42の練習曲 No.5より。第1ポジションで弾く場合

クロイツェル 42の練習曲 No.5より第1ポジションで弾く場合

Allegro moderato

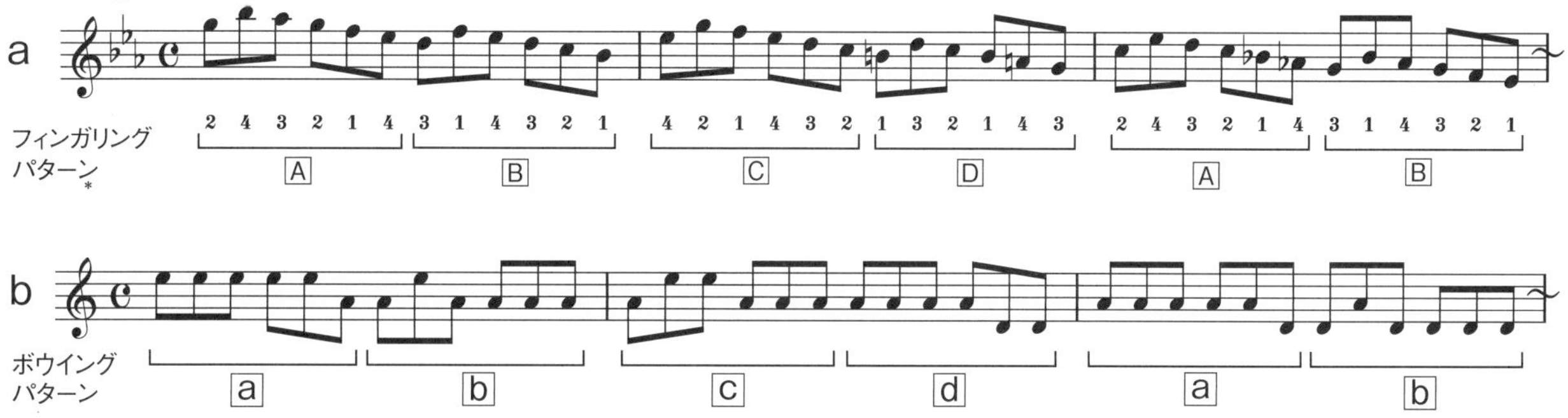

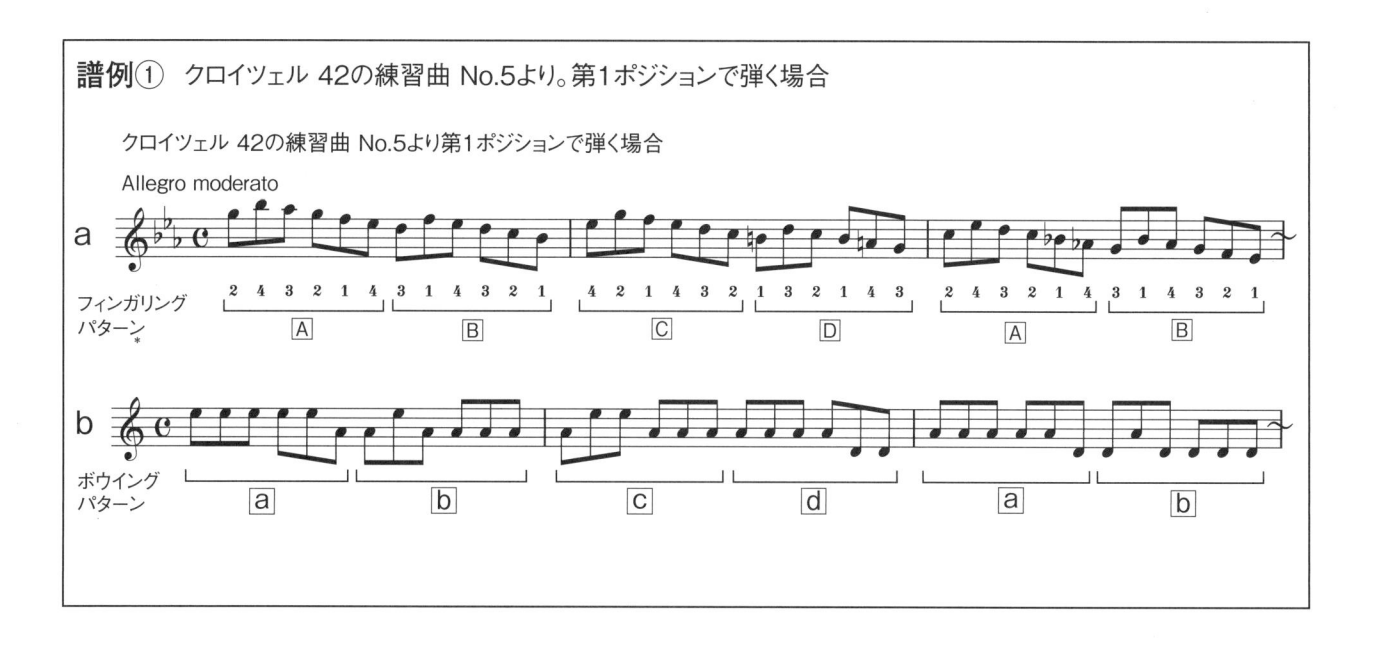

譜例② クロイツェル 42の練習曲 No.14から

Moderato

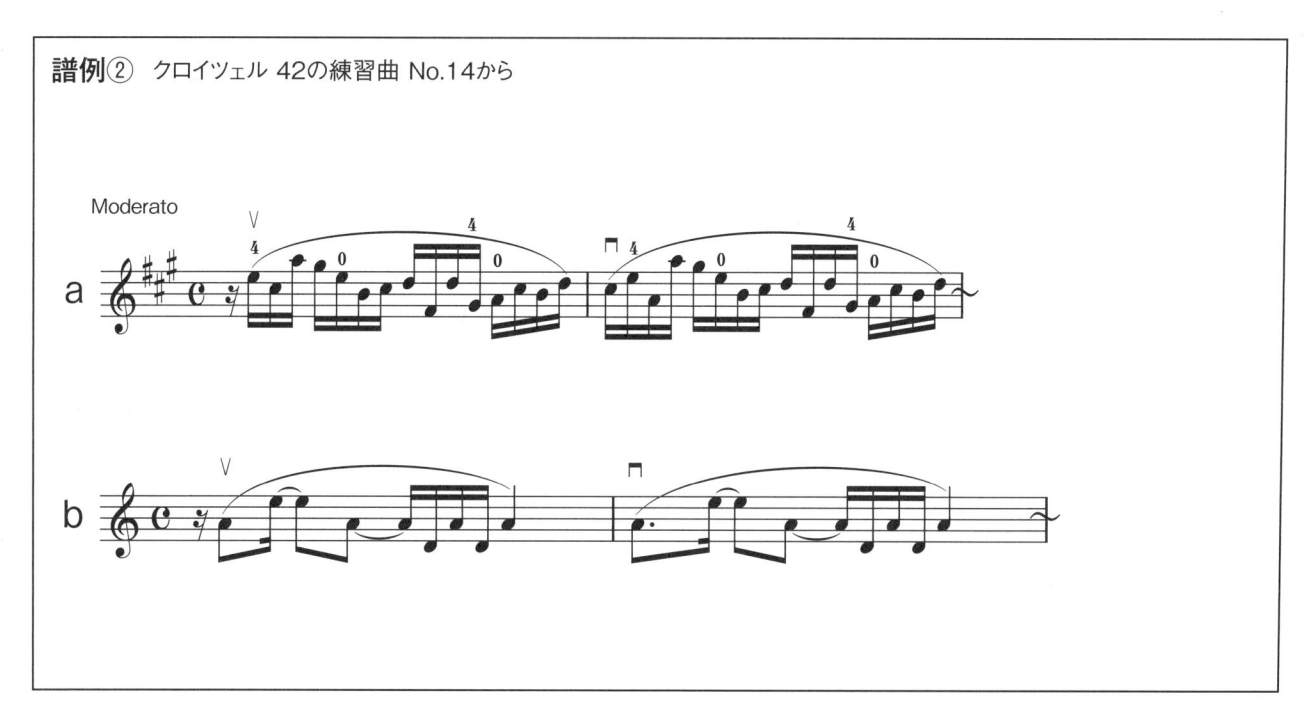

＊フィンガリングパターン：P.19のA～Dを参照

類のボウイングパターンがあり、それぞれ移弦の位置が違う。ボウイングの不規則性、あるいは不規則だと感じてしまうことが、弾きにくさに繋がる例だ。

【譜例①a】は、特に移弦パターンを意識させる楽譜ではない。左手の課題だと思う人もいるだろう。それは間違ってはいない。その結果、意識は左手に向きがちだ。クリアに演奏できない理由の一つが「右手の不器用さ」にあることに気付くためには、日頃から右手を疑う姿勢を持たなければならない。

〝不器用〟な右手を露わにする〝隠れ移弦〟

もう一つ〝隠れ移弦〟に翻弄される例を紹介しておこう【譜例②a】。

この課題では「右手に問題があるらしい」と気付く人もいるだろう。左手を外してみれば明白【譜例②b】。「別に右手だけで弾けなくても、両手で弾いた時にそれっぽく弾けてればいいんじゃないの?」、そう逃げを打ちたくなるくらいスッキリ弾けない。……ジタバタする右手。

♪

ここに至って気付く。それは、「右手に自主性が足りないらしい」ということだ。右手はいつも左手を追っている。〝右手〟は左手指が押さえた弦を弾けばいいと思っている。【譜例①b】【譜例②b】を弾きにくく感じるのは、追うべき左手がないからだ。

確かに、左手指が弦を押さえる前に弓を動かしてしまったら、望む音は出ない。実際、弦を押さえ終わる前に弓を動かしてしまい、もやもやした音になってしまうことは少なくない。そういう意味では間違いなく「左手先行」であるべきなのだが、〝演奏感覚〟としてはそれでは正しくない。

どちらかというと『右手』の方が不器用だ。それは、弓という〝道具〟を介しての作業だからだろう。ヴァイオリンのヴィルトゥオーゾたちが書いた曲やパッセージが、時に見た目より遥かに弾きやすいのは、〝右手優先〟になっていることに理由の一つがある。得意の第一ポジションだけで弾こうとして躓く時は、右手が混乱している場合が多い。表現の要である『右手』に難しく過剰な仕事を強いるより、『左手』を『右手』に合わせた方が早いことも多い。

〈移弦〉における〝上下動〟――空間的な動き

〈移弦〉に伴う右手の『上下動』。これを身体が理解していない人を多く見かける。ボウイングを単に〝弦上での往復運動〟だと認識していると〈移弦〉は上手くいかない。立体的・空間的視点を持とう。

〝上下動〟は、ゆっくり演奏する時と速く演奏する時では、かなり感覚的に違いがある。〝高速上下動〟を怖いと感じる人もいる。〈移弦〉も〝高速&超高速〟で練習して慣れておくとよい。

〈移弦〉は弓のどこ(元~中~先)を使うかで弾きやすさがまったく違う。1㎝違うだけで音が荒れることもある。そして、弾きやすい位置は各パターンによって違う。移弦パターンそれぞれの最も楽に弾ける位置を把握しておくことが大切。

〈移弦〉は腕全体を使うこともあれば、肘から先だけ、手首や指だけで行うこともある。どこをどう使うか? これもまた、その都度違うから厄介だ。結果として、無駄な動きなく音楽的に演奏できれば、それが正解。

♪

〈移弦〉が柔軟性の問われる課題であることは確かだ。身体の硬い人にとって〝美しい移弦、柔軟性〟は遠い理想かもしれないが、繰り返し練習を行うことでいつか必ず手に入れることができる。諦めないでほしい。

楽譜3

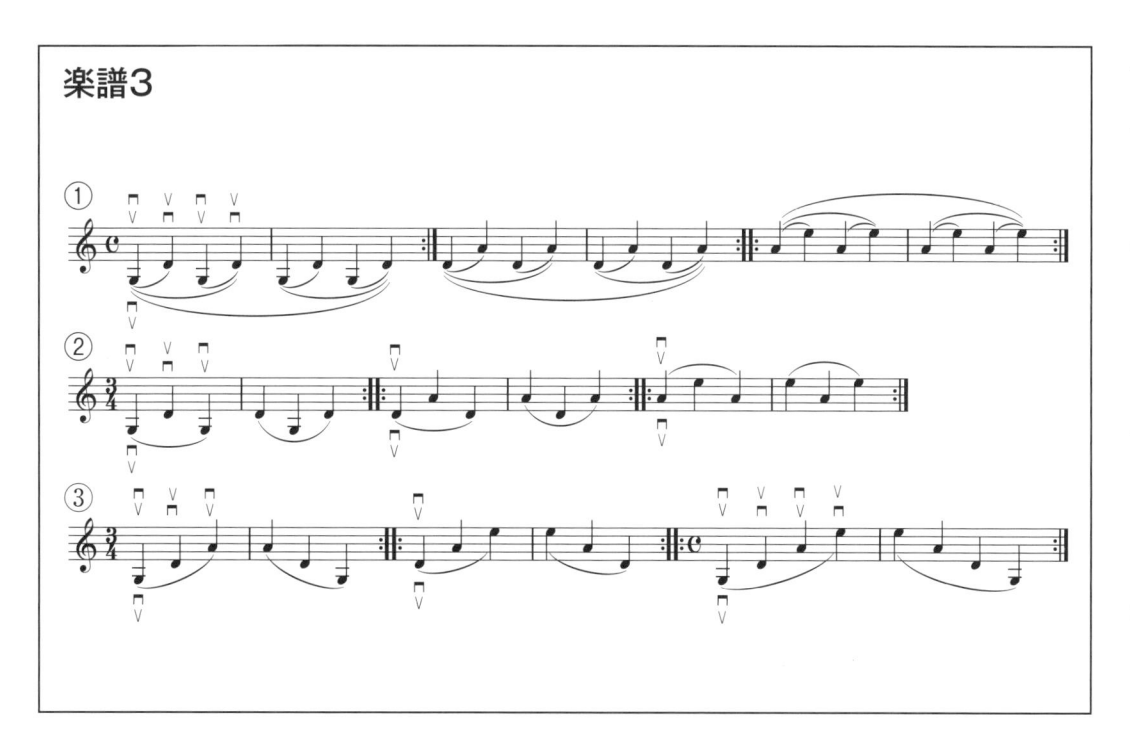

第4章

スケール（音階）――「G-durのスケール」

まずは、「G-durのスケール」

この章の課題は、スケールを学ぶためのスケールではなく、『スケールの基礎を学ぶためのスケール』。「スケールを勉強している」と言い切るためには、残念ながら、やはり『全調』学習しなければならない。できることなら、『半音階』や『三度～八度（十度）のスケール』『重音のスケール』も、『スケール』のくくりに含まれることの多い『アルペジオ』もマスターしておきたい。ヴァイオリンの演奏に必須の〝調性感〟や〝音程感〟はこういったものを学ぶことで確立されていく。

これらは「スケール教本」と呼ばれるものに載っているのだが、この教本の選択が難しい。うっかり『カール・フレッシュのスケール教本』など手にしようものなら、「失礼しました！」と回れ右したくなる。フレッシュには申し訳ないが、この教本を手にしたばかりに「スケール嫌い」になったという話も多く耳にする。もう少し簡単なスケールでも、最低限学ぶべきことは学べることを知っておいてほしい。

『スケール』には、このような特殊なスケールを除いても、含まれるオクターヴ数やそれを弾くためのフィンガリングなどの違いによって多くの種類がある。今回ご紹介するスケールの【楽譜4】は比較的弾きやすいものだが、スケールの基礎が学べ、同時に、いくつもの重要なテクニックが獲得できる〝おいしい〟スケールである。

■このスケールの特徴は

○ヴァイオリンの最低音から始まり、全弦を使用している。
○第1ポジションのみで弾け、（4指を伸ばすといった）無理なフィンガリングがない。
○2オクターヴ＋αあり、調的にもスケールの全容（調性感、音程感など）が、つかみやすい。

これが弾けるようになれば、
○楽器のウォームアップ用として使える＝開放弦の基礎練習では足りない部分を補うことができる。
○身体のウォームアップ用として使える＝耳や右手、左手および身体全体の鍛錬になる。
○ボウイングヴァリエーションなど、他のテクニック練習のベースとして使える。

■このスケールを弾く時の注意事項

譜例③

（●）は共振する開放弦

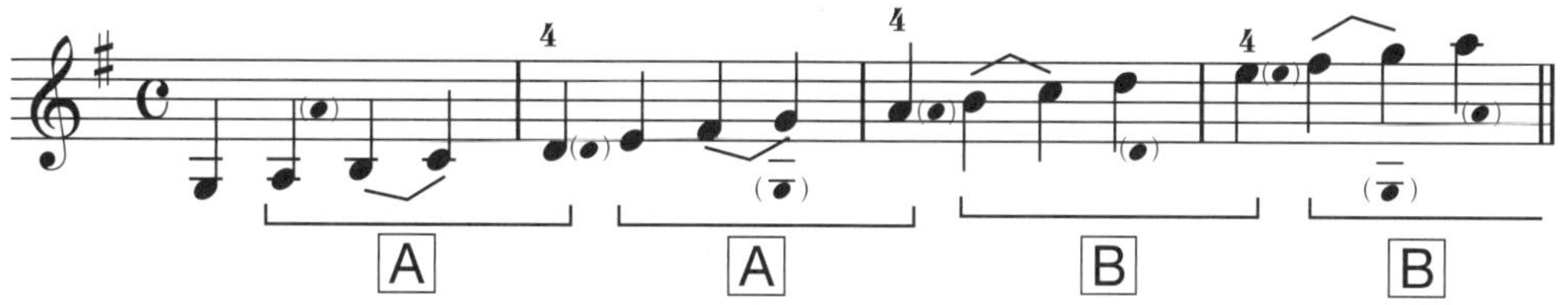

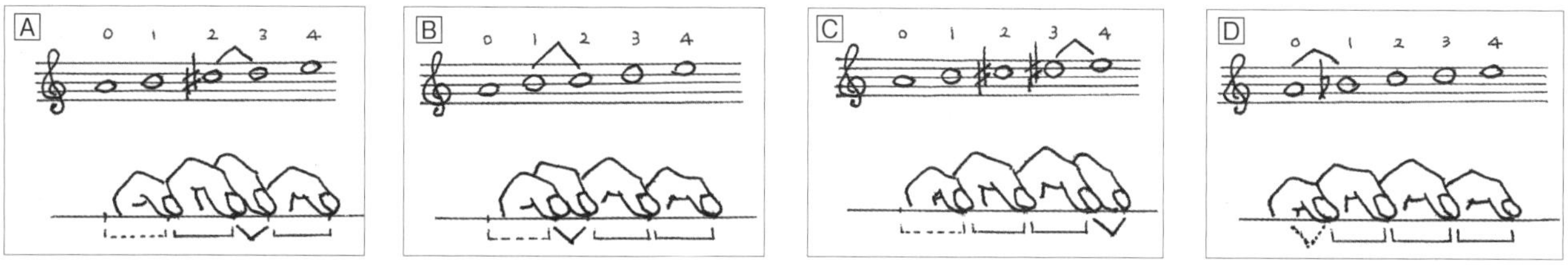

■フィンガリングパターンA～D

└─┘=全音 ＼／=半音

●ノンヴィブラートで

ヴィブラートをかけて弾くと、色々なことが見えにくくなるので、ヴィブラートは『ヴィブラート課題』として別途勉強し、基礎練習ではヴィブラートはかけずに練習する。指を置くと同時に無意識にヴィブラートをかけてしまう人は、この課題でその癖を取り除いておこう。

●よく響く良い音で

響きに関して自分の耳に自信がない人は「弦の振動（振幅）を目で確認する」「楽器に直接触れている顎や鎖骨に伝わってくる楽器の振動を意識する」「楽器&自分の周囲の空気の振動を肌で感じる」など、身体全体で感じ取ることを覚えよう。

●隣り合う音の関係に注目して

音階を構成する全音&半音と、それを正しく再現するための左手のパターン（A～D）を理解した上で練習を始めよう。これは音程を安定させるための重要ファクター。指を開く時は、指先だけ開くのではなく指の根元から開くように。指同士が根元でくっついていると指の独立性が失われ、力も入りやすく、コントロールが効きにくくなり、動きも鈍くなる。

●良い音程で

ピアノやチューナーで一音一音確認するといった作業はしない方がよい。「絶対音」としてある一つの音高だけを記憶してしまう可能性がある。この作業が習慣化すると「何かに合わせること」だけを覚えてしまい、自身で音を作ることをしなくなる危険性もある。

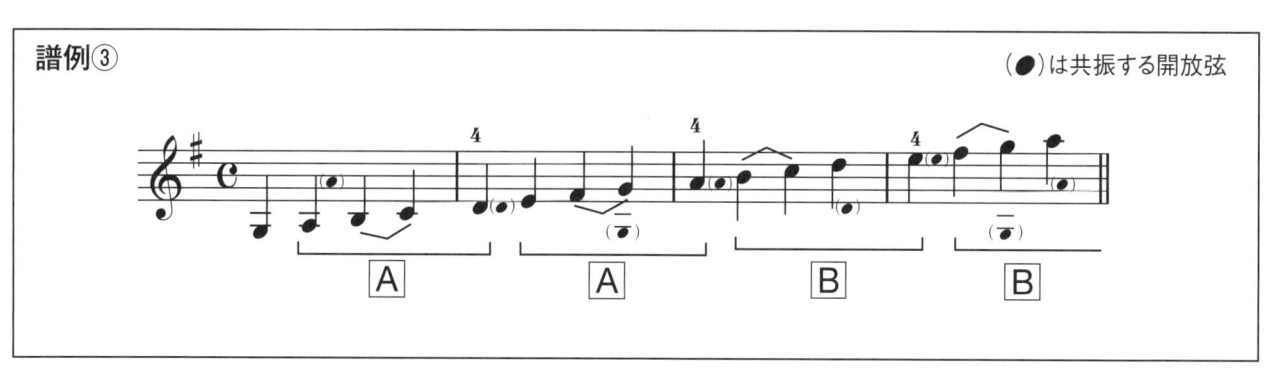

音高を自在に操れる楽器を手にしているのだから、自分の耳を信じて練習しよう。自身の耳の能力

を引き出し、感度を上げ、育てていくことが大事。

不安な人は、先生にお手本を弾いてもらうか一緒に弾いてもらうと良い。名演奏家の演奏をたくさん聴くのも良い。この方法は一見遠回りのようだが最も効果的な学習法の一つ。

●全体のバランスに注意して

スケール上には「鳴りやすい音・鳴りにくい音」がある。【譜例③】の（　）内の音符は、その音を弾いた時に共振する開放弦。こうした共鳴現象は多かれ少なかれ起きているのだが、ここに記譜した音は、目でわかる程度にはっきり共振する例である。こういった共鳴弦を持つ音はよく鳴る。そうでない音は鳴りにくい。スケールがギクシャクする時は、こうした〝鳴りの凸凹〟が原因ということもある。

全部の音が同じ音色・音量で弾けるようにしよう。鳴りにくい音は〝鳴り〟を意識した弾き込み作業を重ねると次第に鳴ってくる。諦めない。

●無駄のない効率的な運指で

名演奏家の演奏映像を見ると、演奏姿勢やボウイングに比べ、左手の形や運動性にあまり差がないことに気付く。突き詰めるとそこに落ち着くということだ。ちなみに、左手指の上げ下ろしはPCのキーボードのキーを打つ感覚に近い。指の形は基本アーチ型、力を入れず指のバネを使い、指先と指の腹を上手に使い分け、指は必要以上に上げない、キー（弦）は押さえ付けない。キー操作と違うのは「残せる指は残す（置きっ放しにする）」ことくらい？　ただしこれらは〝絶対〟ではない。必要に応じて指を高く上げることも、指を残さず入れ替えるように動かしたりすることもある。

●身体を正しく使って

ヴァイオリンの演奏には普段の生活では使わない筋肉を使う。基礎練習はこうした筋肉の強化を図る目的もある。弱い小指や実は鈍い中指・独立心の無い薬指、上下運動より横に動かす方が苦手な指たち……弱点を知って学べば理解も早い。

呼吸も大切。演奏中は息を止めたりせず、自然で規則的な呼吸を保つ。呼吸が止まったり乱れたりしていたら問題が発生している可能性あり。原因を突き止めよう。

●様々な速さで

ゆっくり弾くことは大事だが、それでは学べないことも多い。「スケール全体の音程感（線的イントネーション）」「調性感」「高速運指に必要な脱力」などを学ぶには、ある程度の速さが必要。速く弾く練習も入れよう。

♪

〝旋律（メロディ）は、スケールとアルペジオでできている〟と言っても過言ではない。J・S・バッハの無伴奏曲やベートーヴェンの協奏曲などを聴けば、それがよくわかる。スケール&アルペジオを手中に収めれば、圧倒的に学習が楽になる。そう、プロがスケールを日課にするのには理由がある。――師、曰く「呼吸をするようにスケールを弾く、それが目標」……御意。

とにかく慣れることが大切。演奏前のルーティンに加えて日課にしよう。暗譜で弾ければ最高！

スケールは美しい――それに気付いた時、きっと何かが変わる。スケールを好きになる――それがヴァイオリン上達のための第一歩!?

■「全調スケール」は第12章を参照。

楽譜4

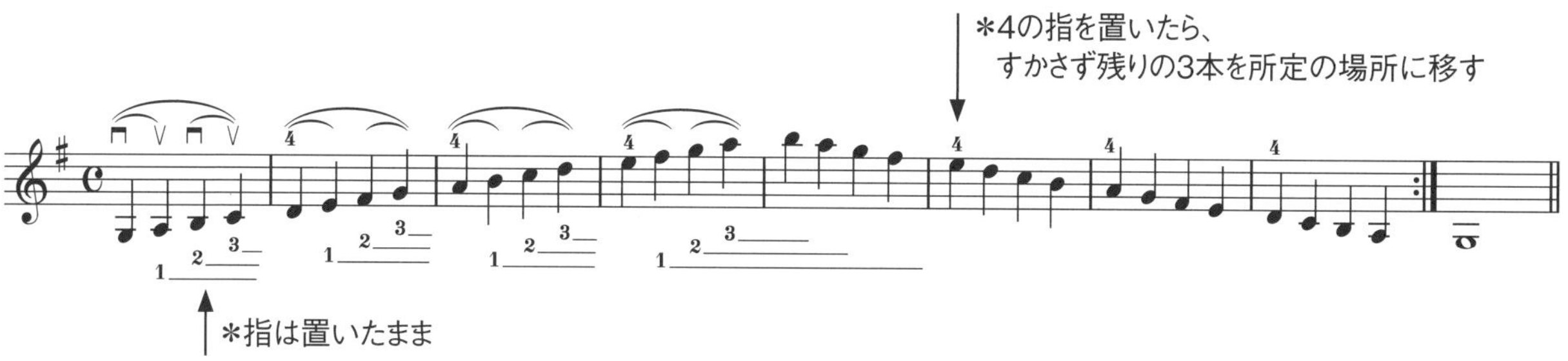
＊4の指を置いたら、
すかさず残りの3本を所定の場所に移す
＊指は置いたまま

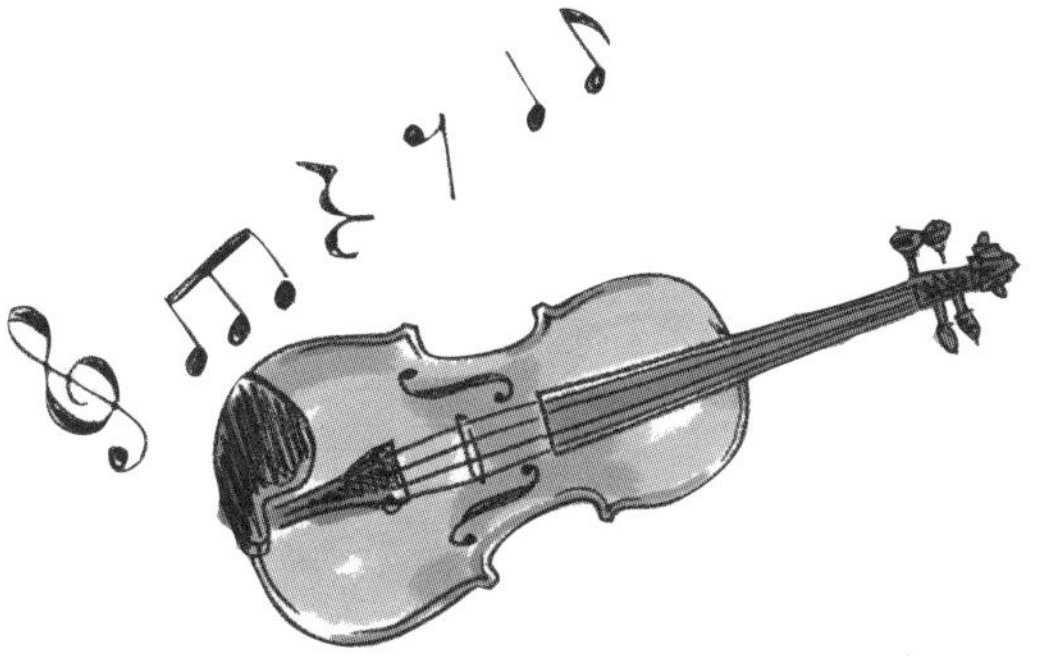

第5章

ディナーミク

〈ディナーミク〉＝強弱法：音の強弱の程度・変化ないし対比による音楽表現法。楽譜に記譜される$\boldsymbol{p}$や$\boldsymbol{f}$＜や＞など強弱に関する記号や指示も含まれる。

学習段階では「譜読みをしてから」と後回しにされたり、そのうちに忘れられてしまったり、時には端から無視されてしまったり、適当で済まされたり……何かと不遇な目に遭う課題でもある。

〈ディナーミク〉は楽譜の一部

楽譜の多くには音符などの他にディナーミクも記されている。この場合、注意すべきは、楽譜上の強弱指定が「大きい／小さい」といった単なる音量表示に留まらないということだ。〈強弱法〉が表現法のひとつであり、〈強弱記号〉が表情記号のひとつであるということを忘れると、単なる音量操作になってしまい、作曲者の意図を正しく具現化できない。ましてや、それをおざなりにするようなことがあれば、音楽性に欠ける演奏になってしまう。

何より大事なのは、「どれくらいの音量で弾きたいのか」「どういう＜＞にしたいのか」と、はっきりしたイメージを持つことである。

そしてイメージがあっても、それを「外面的・客観的な形あるものとして」表現できないと聴き手には伝わらない。『表現力がある』というのは、「それに必要な技術を使いこなせている」ことであり、「表現（音楽的変化）に幅がある」ことである。

ここでは「音量の大小」「音量幅の拡大」及び「音量変化」といった〈強弱法の技術〉を学んでいこう。

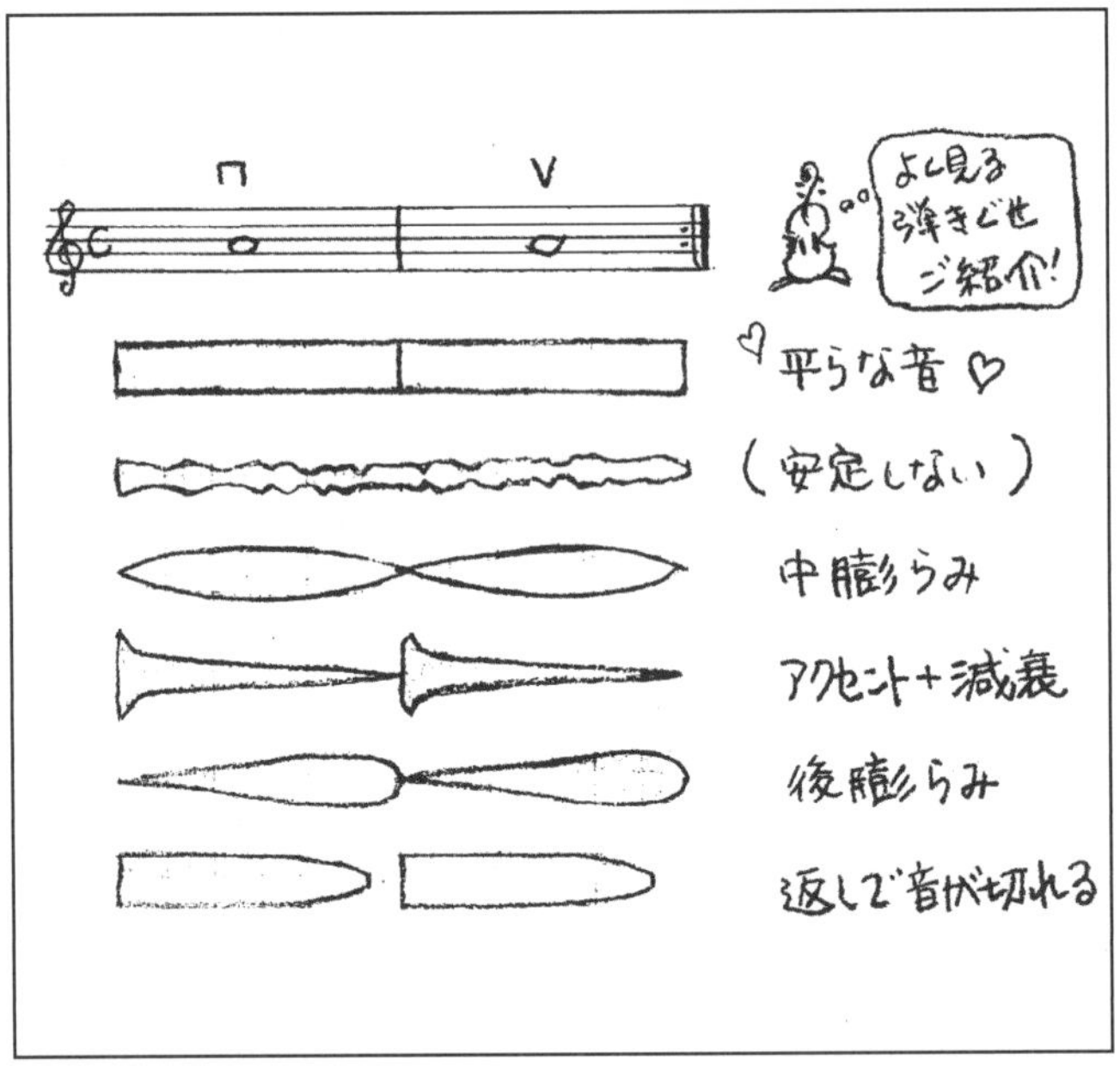

『弾き癖』をチェックする

ディナーミク課題に入る前にまず、自分に〝弾き癖〟が無いか確認しておこう。

開放弦を、何の強弱も付けない「平らな音」で弾いてみよう。

自分が出している音をよく聴いてほしい。「弾き始め」から「弾き終わり」まで、同じ音量で弾けているだろうか?

ゆっくり慎重に弾きはじめ、安定したら加速、気持ちよく真ん中を弾くと、弓の返しのタイミングに向かって減速――こんな風に弾いてはいないだろうか? この動きは、動きとしては自然だ。だから、こういう傾向を持つ人は少なくない。でも、出た音は真ん中で膨らんでしまっている(=『中膨らみ』)。

他にも、「弾き始めあるいは弓を返すタイミングでアクセントが付いてしまう」「弓を返す直前に音が大きくなってしまう(『後膨らみ』)」「弓の返しで音が切れてしまう」といった傾向を持つ人がいる。このように、自身も音楽もそれを欲していないのに出てしまう傾向を『弾き癖』と呼んでいる。

誰しも大なり小なり〝癖〟はあり、これを〝個性〟と容認する向きもある。〝癖〟と〝個性〟の決定的な違いは、本人にその自覚があるかどうか、それが演奏に〝いたずら〟をしていないかどうかだろう。演奏に支障を来しているならば、それを『個性』と称して黙認するのは決して良いことではない。

〝弾き癖〟のせいで、できるはずのテクニックを手に入れられなかったり、手に入れるのに苦労したりすることもある。自身に〝弾き癖〟を発見した人、また〝弾き癖〟以前の、ボウイングが安定しないといった問題に気付いた人は、第1回で紹介した〈ロングトーン〉などを使って対処しておこう。後の学習がきっと楽になる。

ダイナミックレンジ dynamic range

自身の限界=「自分が出せる最大音量/最小音量」を理解しているだろうか?

ヴァイオリンは決して音量幅の広い楽器ではない。時にホールや練習場が味方をしてくれたりもするが、いつもそれを期待するわけにもいかない。楽器によっても、その時の奏者の力量によっても、出せる最大&最小音量は違う。『音量幅の拡大』には少なからず努力も必要だ。少なくても、***pp*-*p*-*mf*-*f*-*ff***の5段階が弾き分けられる程度の音量幅は獲得しておきたい【譜例④】。

「大きい音で」と指示すると、〝力〟だけで何とかしようとする人がいる。完全な間違いではないが、正しくはない。必要以上に圧力をかけると、美しい振動を得られずに音が割れる。割れた音は耳元では大きく聞こえるが、遠くには飛ばないし聞こえもよくない。

弦や板の《振動》を意識して練習してみよう。音色を壊さないボウイングをするためには《呼吸》も重要だ。呼吸が浅かったり止まったりしていると、本当の意味での大きい音は出ず、小さな音は虚弱で不安定なものになる。

「変化を付ける」ということ

〈強弱法〉の基礎練習においては、次のような手順を踏むと理解が深まる。

①変化のない音を知る
②変化を付ける
③変化の幅を広げる

「変化を付ける」方法を学ぶためには、「変化がない」状態を知っておく必要がある。『平らな音』の獲得は強弱法をマスターするための第一段階。小さな音を美しく保つのは難しいし、大きな音は弓の返しで音量が落ちやすい。

変化を付けるにあたって必要な技術的要素は主に三つ。

○スピード（加速・減速）
○圧力（加圧・減圧）
○ヴィブラート（幅＆スピードの増減）

これに、『サウンディングポイント（指板寄り⇔駒寄り）』『弓の寝かせ方』『弦に触れる弓の毛の量』『左手指の押さえ方』といった要素を加え、これらの合わせ技で強弱変化を生み出していく。

どの要素を使うか、どう組み合わせるかによって、音量だけでなく音色も大きく変わる。音楽的解釈がもっとも顕著に表出する部分でもある。

クレッシェンド＆デクレッシェンド

クレッシェンド＆デクレッシェンド（ディミニヌエンド）において重要なのは『終点』である。

＜と＞記号には終点があるが、「cresc.」といった用語では重要なはずの終点がどこかわからないことがある。終点を理解しないまま適当に音量を増減させているとしたら、それは大問題である。『始点と終点の音量』も記譜されていないことが多い。前後を見れば大抵判断が付くが、その判断を怠っていることもある。書いてあるのに適当に弾いてしまうことも。要注意。

強弱変化を付けようとする時、「スピード」か「圧力」どちらかに偏る傾向が見られる。いつも同じような音色・表現になってしまう――その原因がここにあることも少なくない。スピードならスピード、圧力なら圧力とそれぞれの要素単体で練習してみるとよいだろう。自分の得意不得意もわかるし、各要素の特性や効果も理解できる。

スピードコントロールを不得意とする人も多いようだ。最初に学ぶボウイングが「等速ボウイング」だからかもしれない。なんでもかんでも圧力で解決するのではなく、スピードでもコントロールできるようになりたいものだ。

♪

では、前章で学習した「G-dur のスケール」を使って〈ディナーミク〉を学んでいこう【楽譜5】。

＜＞課題では、自身で始点と終点の音量設定をし、イメージ通りの〈強弱〉が付いているかどうか耳でしっかり確認しながら練習しよう。

他の表現方法に比べ、一見シンプルでわかりやすそうに見える〈ディナーミク〉だが、実はかなり手強い相手だということがよくわかるはずだ。焦らず、ゆっくり取り組んでいこう！

■変化を付けるために必要な3つの技術
○スピード（加速／減速）
○圧力（加圧／減圧）
○ヴィブラート（幅＆スピードの増減）

■ディナーミク
①変化のない音を知る
②変化を付ける
③変化の幅を広げる

「G-durのスケール」（譜例④）で、以下のヴァリエーション（楽譜5）に挑戦！

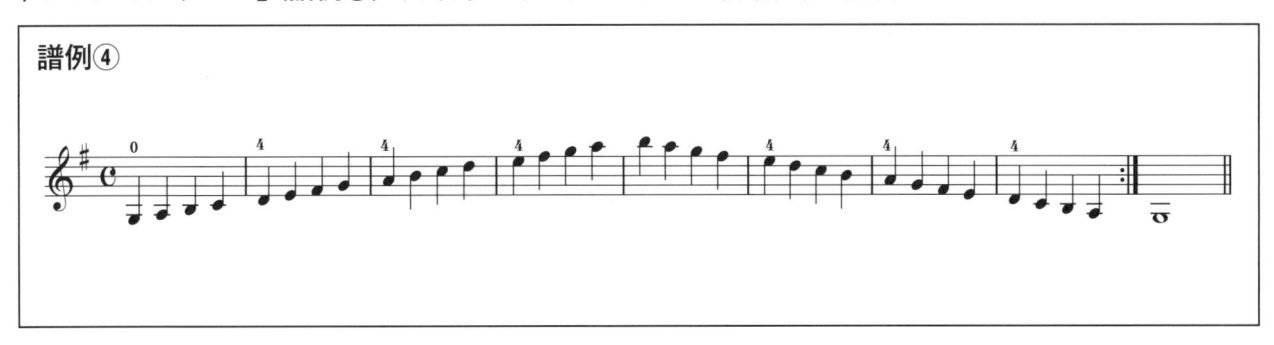

譜例④

楽譜5

① 1）*mf*　2）*p*　3）*f*　4）*pp*　5）*ff*

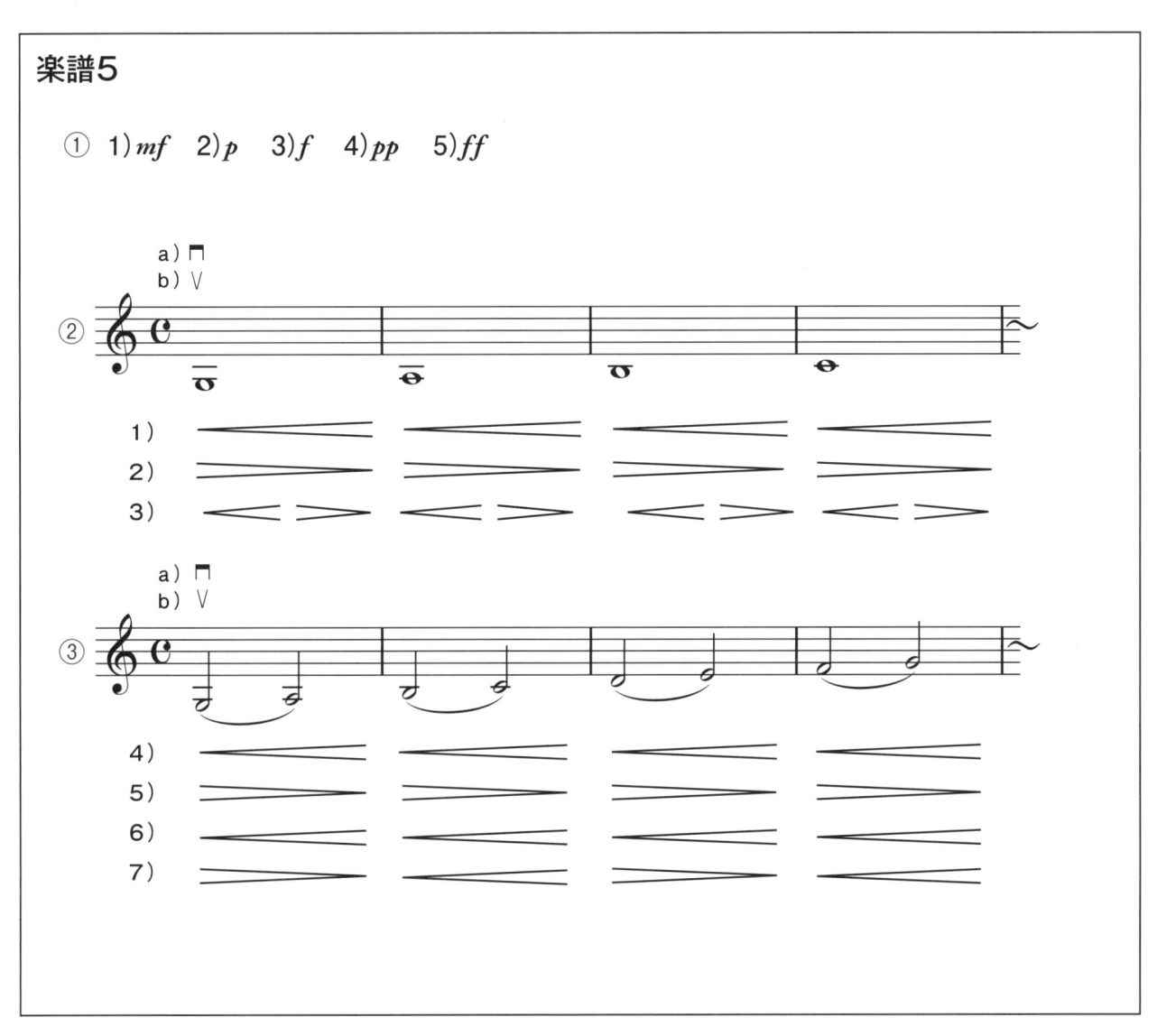

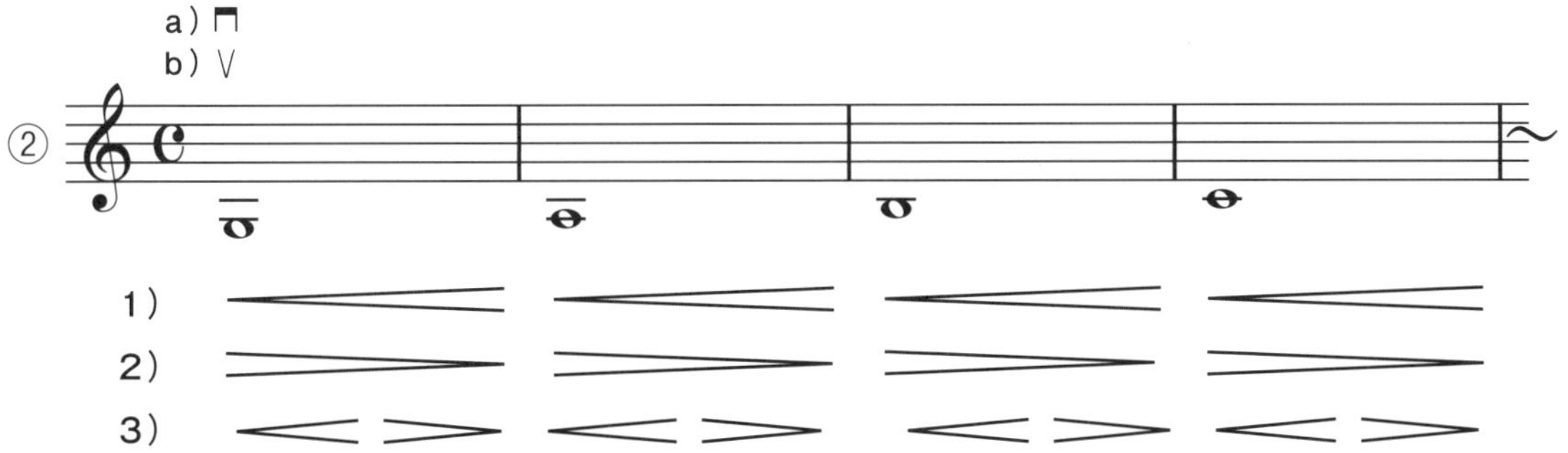

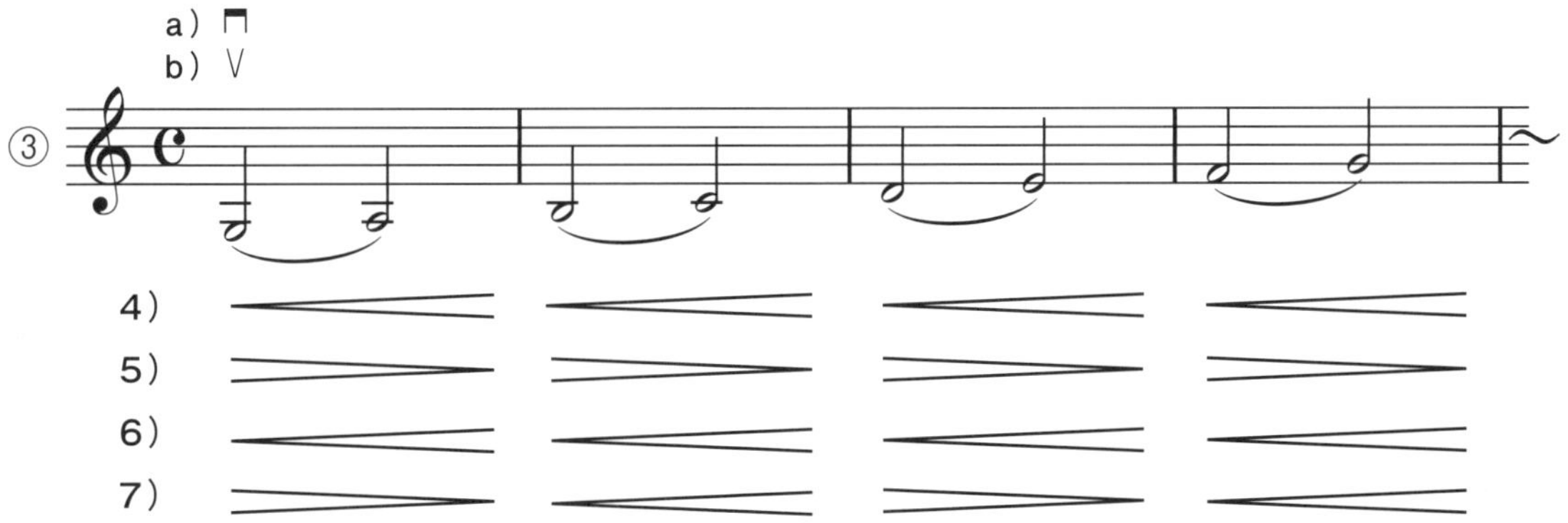

第6章 高速運指

左手の指をどのくらい速く動かせるか⁉

指板上で、目にも留まらぬ速さで舞う指。出てくるのは、粒の揃った真珠のようにコロコロと心地良い音。時には激しく時には優雅な、美しい『高速運指』は、誰しもが憧れるテクニック。いざ、挑戦！

♪

【楽譜6-①】を弾いてみよう。とにかく速く。この1小節を1秒間で弾くくらいのつもりで、可能な限り速く。

「速く」と言われると妙な気合いが入ってしまう人は、「パラパラ動かす」だけだと思って構わない。楽譜上ではスラーが1小節で終わっているが、弓の返しが頻繁だと左手の動きを阻害してしまうので、一弓に何小節分入れても構わない。指は〝入れ替え方式〟でも〝置ける指は置いておく方式〟でも、どちらでもよい。より動きやすい方で弾く。

〈高速運指〉初心者の方へのアドバイス

○「きちんと弾こう」と思わない。
○「指をしっかり押さえよう」などとは絶対に考えない。
○良い音程で弾こうとしない。
○指の動きにバラつきがあっても気にしない。
○リズムが崩れても、無視して構わない。
○ほんの少し練習したら、すぐやめる。
○できるまでやろうとしない。
○できなくても焦らない。
○イライラしない。

「指が速く動かない」と嘆く人を見ていると、「指を速く動かすこと」自体ができていないのに、それ以外の多くを望んでいたりする。「楽譜通りにきちんと弾こう」「良い音程で弾こう」「いい音で弾こう」「粒を揃えよう」——その気持ちはとても大切なのだが、最初からそれらを全部一度にこなすのは難しい。複雑な作業は〝力み〟や〝混乱〟を招き、指の動きを鈍くしてしまうことも少なくない。まずは単純に、「指がパラパラ動く」感覚を身体に馴染ませることが重要だ。これが難しいという人もいる。自転車に乗るのと一緒で、少しコツが必要だ。それに身体が気付くまで、挑戦し続けよう。これができれば、「たたき*」ができるようになる。「シフト」も楽になり、「ヴィブラート」も掛かりやすく

＊「たたき」
指の力を抜き、指板に軽くトンと落とす奏法。
指のバネを使って“コン”と打ちつけるようにすれば、
〈フィンガーアクセント〉になる。

なる。諦めないで。

パラパラと動かすことに慣れてきたら、少々音程は悪くてもよいので違うパターン【楽譜6-①／B・C・D】でも弾いてみよう。違う形で弾くことが、色々な意味で良い刺激になる。

上手くいかない原因を探る 自分の身体の状態を知る

〈高速運指〉が上手くいかない場合は、どこに問題があるのか、その原因を基本的なところから順に探っていくとよい。

① 手全体、あるいは手の各部位を意識的に脱力させることができるか？
② 楽器を持たない状態で、指をパラパラと自在に動かすことができるか？
③ 楽器を構え、弦上に指を並べた状態で、指をパラパラと動かすことができるか？
④ 指の下りる位置をコントロールすることができるか？
⑤ 弦の移行に問題はないか？
⑥ シフティングに問題はないか？

『脱力』はよく話題になるが、『脱力』以前の問題を抱えている人に出会うことも少なくない。

例えば、「立った状態で腕をだらんとぶら下げてみて」と言ってみる。これができない人がいる。腕の力が抜け切らないのだ。腕の力が抜けたところで、今度は「力を抜いたまま腕をぶらぶら振ってみて」と言う。これもできない人がいる。振ろうとすると、腕に力が入ってしまうのだ。

演奏における『脱力』は「完全に力を抜く」という意味ではなく、「力まない」「余分な力を入れない」「(身体を）ニュートラルな状態にする」といった意味である。だが、「完全に力が抜けた状態を知らない」と『脱力』は理解できないし、「力を抜くことができない」と正しく『脱力』することはできない。

何かをしようとすると無意識に力んでしまう人がいる。何もしていないのに身体のそこかしこに力が入っている人もいる。そういう人の多くは呼吸が浅いことが多い。そういった自分の状況に気付くことが大事だ。


♪


楽器を構えた時、構えただけで手先にまで力が入ってしまってはいないだろうか。

その場合、考えられる原因のひとつは「腕を持ち上げた状態でそのままキープするための筋肉ができていない」ことにある。他に考えられるのは「肩から腕、手先までが一本化してしまっている」こと。

後者は、「『上腕』と『前腕』、『肩』と『肘』と『手首』、『手のひら』と『指』を別々にコントロールできていない」ため、「各部位がそれぞれの役割を果たし切れていない」状態にある。この状態は、〈高速運指〉が苦手な人に多い。「ヴィブラートを掛けようと思ったら腕全体が動いてしまう」「ハイポジションへのポジション移動がぎこちなくなる」といった経験はないだろうか？これも同様の原因が考えられる。

前述の『腕ぶらぶら運動』を、「肩甲骨周りから腕全体」「肩から指先」「肘から先」「手首から先」と動かす場所を意識してやってみよう。「肘から先」なら

『肘』、「手首から先」なら『手首』＝支点になる部分を右手で持ってこれを行うと、身体の理解度が速い。

ニュートラルな指の状態を知る

イライラした時に机や膝の上で人差し指をトントンと叩いたり、指をパラパラ動かして音を立てたりする人を見掛ける。実はあの動き、『正解』だ。パソコンのキーボード上での指の動きも参考になる。(「ピアノはどうか?」と聞かれたことがあるが、ピアノの鍵盤は重いので〈高速運指〉の基礎練習用には使わない方がよい。)

こういう動作・作業をしている時の指をよく見てみよう。指が伸びて突っ張っていたり、マムシ指*になっていたり、丸まりすぎたりしていない。もちろん、余分な力は入っていない。親指の位置もチェック。親指の位置が悪いと他の4本の指の動きは悪くなる。腕をだらんとさせた時の手指の形・位置関係が正しくニュートラルな状態。これに大きく離れることなく構えられればベスト。

♪

指の上げ下ろしに関しては、『下ろす』ことに意識が行きがちだが、『上げる』ときに力が入っていたり、時間が掛かったりしていることも多い。指を上げる時に手のひらに力が入る場合、その動きは正しくない。力で「よいしょ」と上げるのではなく、指の付け根からバネのようにピクッと上がる感じが望ましい。

これを意識しながら〈トリル〉【楽譜6-②】に挑戦してみよう。

ゆっくりから徐々に速く、また徐々にゆっくりにして止める。最初は音が〝もわもわ〟していても構わない。気楽に臨もう。この練習は指の独立性も高める。

指を下ろす位置が重要
指の間隔〈全音〉〈半音〉を意識する

もっとも重要な課題の一つが、「どこに指を下ろすか」である。つまり、音高の決定。ここで注目すべきは、指の上下の動き(どう下ろすか)ではなく、あくまでも指の左右・縦横の動き(どこに下ろすか)である。

いうまでもなくこれは最重要案件なのだが、これをフィーチャーした課題は素通りされることが少なくない。課題の数や量の問題ではなく、継続が課題なのに、それがなされていないことが問題だ。

【楽譜6-③】を弾いてみよう。

ゆっくり確実に、指の間隔を意識しながら練習する。指を開く時は、指先だけでなく、指の付け根から開くように意識する。こういった練習をすると、指のコントロール精度が増す。トレーニング要素も強く、指を動かす腕や掌内の筋肉や神経系も鍛えられる。「耳は正しい音程をイメージできているのに、指が思うところに下りない」といった状況が減り、音程も安定してくる。

〈高速運指〉の最終段階は、〈弦の移行〉と〈ポジション移動〉

お薦め教材は『シュラディック』*第1巻。ただし、

＊シュラディックHenry Schradieck(1846-1918):ドイツのヴァイオリニスト。教育者として高名な人物。特に《The School of Violin-Technics》はよく使用されている。ただ、この教則本は使い方を間違えると効果が出なかったり、場合によっては負の効果をもたらしたりすることもあるので、独習する時は先達に助言を仰ごう。

＊マムシ指:指の先端の関節だけがマムシが鎌首をもたげるように曲がった指。

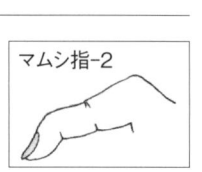

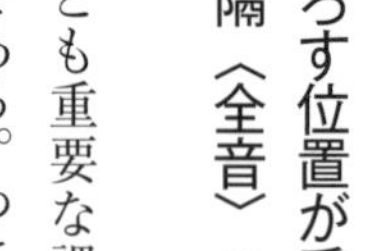
マムシ指-1

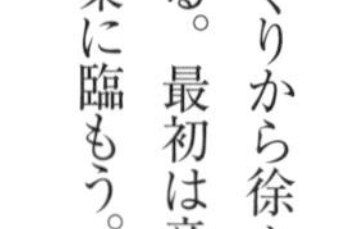
マムシ指-2

これもやり過ぎは逆効果。負荷を掛け過ぎると、身体は拒否する。他の基礎練習と同様「適度な量」「適度な時間」行おう。「少しずつ、休みの日を入れながら長期継続」——これが記憶のシステムから考えても正しい練習法だ。

楽譜6

第7章

水平前後軸運動

この章のテーマは〈水平前後軸運動〉【写真①】。

左手には、指の上げ下げなどの〈上下運動〉のほかに、指板上（水平面）での弦の移行などの〈横軸運動〉とシフトなどの〈前後軸運動〉がある。

この前後軸運動には、主に3種類の動きがある。

1「広げる」→指を伸ばして音を取る。

2「ずらす」→指を弦上でずらして動かす。

3「移動する」→手全体で弦上を動く。

〈チェンジポジション〉〈クリーピングシフト（這うようにポジション間を移動する）〉〈ポルタメント&グリッサンド〉など。

今回は2と3、いわゆる「〈シフト〉shift」について考える。

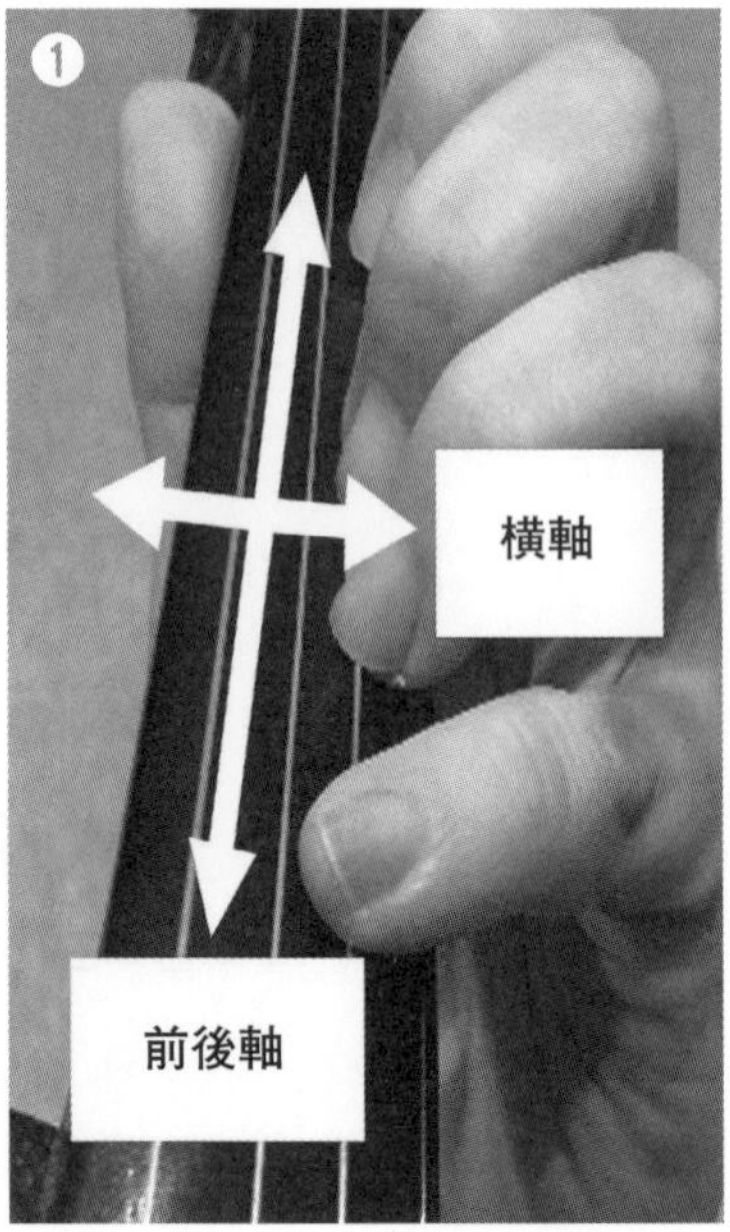

■シフトの原理

まず、自転車に乗っているところをイメージしてみよう。乗るのはスムーズに動く新品の自転車。「発進→走行→ブレーキ→停止」――走行中にブレーキを掛けっ放しにしたりはしない。だが、弦を（ギュッと）押さえたままシフトしているとしたら、それはこのブレーキ掛けっ放し状態と変わらない。ブレーキのかけ方もポイントだ。かけるのはできるだけ直前が望ましい。かといってガクンと止まると楽器に衝撃が走る。力まかせに移動していれば、その衝撃はさらに増す。望まぬポルタメントが入る場合も、ブレーキをかけ始める位置・かけ方に問題があるということになる。

ここでもまた〝脱力〟という問題に悩む人が出てくるわけだが、そもそも「脱力が必要」な状態にあること、すなわち「まず力を抜かなければならない」という状態自体が問題だ。

これに関して気付いたことがある。「（楽器を構え）弦上に指を並べて」とお願いすると、意外に多くの人が次ページの【写真②】のように弦を押さえ付けた状態で「こうですか?」と聞いてくる。「弦は押さえなくていいよ。指は浮いている感じで、手の力は抜いて」というと、これができなかったりする。

この時点では「ただ弦上に指が乗っているだけ【写真③】で良いのだが、構えた瞬間にネックを握り込むような形になり、結果、手（指）に力が入った状態になってしまうのだ。驚くほどギュッと強く握っている人もいる。「押さえ（付け）た状態がニュートラル」というのは大問題だ。ここに手全体に力が入ってしまう原因のひとつがある。この傾向がある人は「必要な時だけ押さえる、そうでない時は力が抜けている」という感覚を覚えると良いだろう。

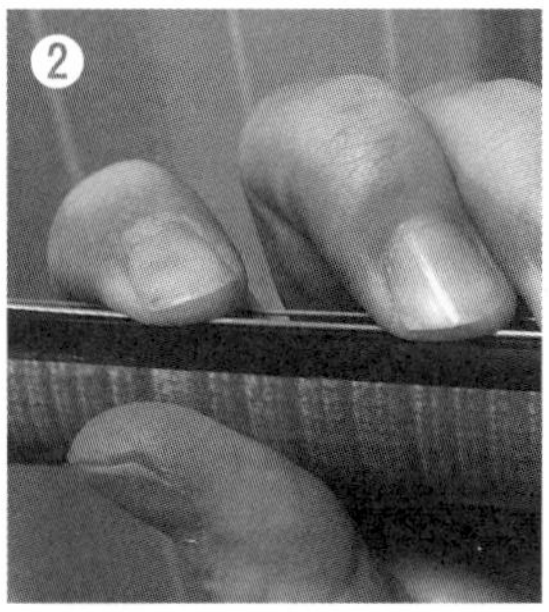

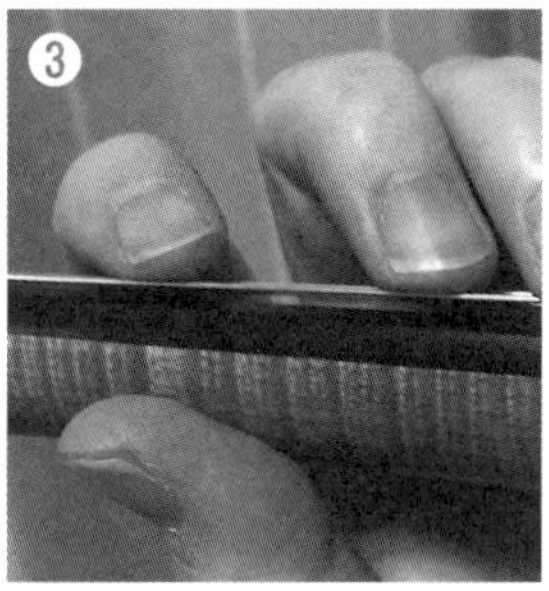

■「ずらす」という動き

【譜例⑤】を弾いてみてほしい。「2-2」と書いてあるハイフンの部分で一度指を上げていないだろうか？ ここで指を上げてしまうと、音と音との間に不要な音が入ってしまう。こういう場合に〈ずらす〉という動作が要求されるのだが、この動き自体を不得意とする人がいる。「不器用ですから」と嘆く向きもあるが、これに関してはそれ以前の「練習したことがある・ない」レベルの話であることも少なくない。なにしろ日常生活で、指にこういう動きを求められることもない。したことがなければ、できるはずがない。

指の独立性や器用さが求められる動きであることは確かだから、それに必要な筋肉を作らなければならない。「ずらす」という動きは、実は思っている以上に頻繁に出てくる。だからこそ覚えておきたいのだが、残念なことに、そこで学べるほど楽曲内でこの動きが集中して取り上げられることはあまりない。となると、やはり意図的なトレーニングが必要ということになる。多くの教本にクロマティック課題が盛り込まれているのは、そのためだ。この動きの正確性はそのまま音程の正確性にも繋がる。やって損はない。

ということでこの章の課題【楽譜7】。

〈クロマティックスケール（半音階）〉を弾けるようにすることが目的ではないので、必要以上に速く弾く必要はまったくない。

〈クロマティック〉のフィンガリングには幾つかのパターンがあって、音楽的解釈やプレーヤーの得意不得意で選択される。ここに記したフィンガリングはあくまでも「ずらす」という動きにフィーチャーしたものであって絶対的なものではないことをご理解いただききたい。

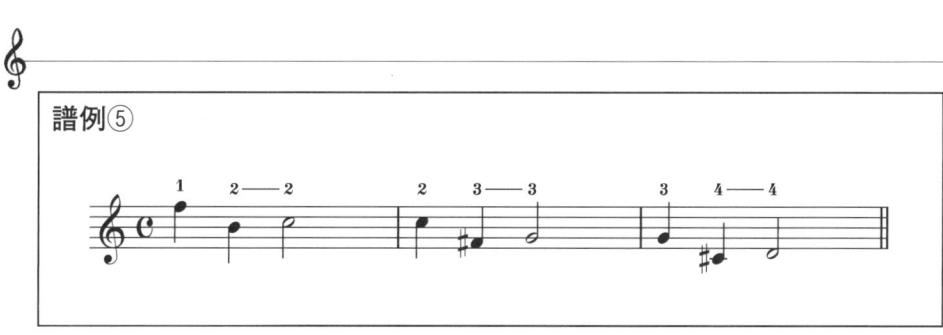

〈チェンジポジション〉においては、「指を浮かせる→指をすべらせる→目的地が来たら押さえる」という練習をする。この「シュッ！ ピタッ！」という感覚は、「ずらし」にも共通する。これを意識しながら練習してみよう。

譜例⑤

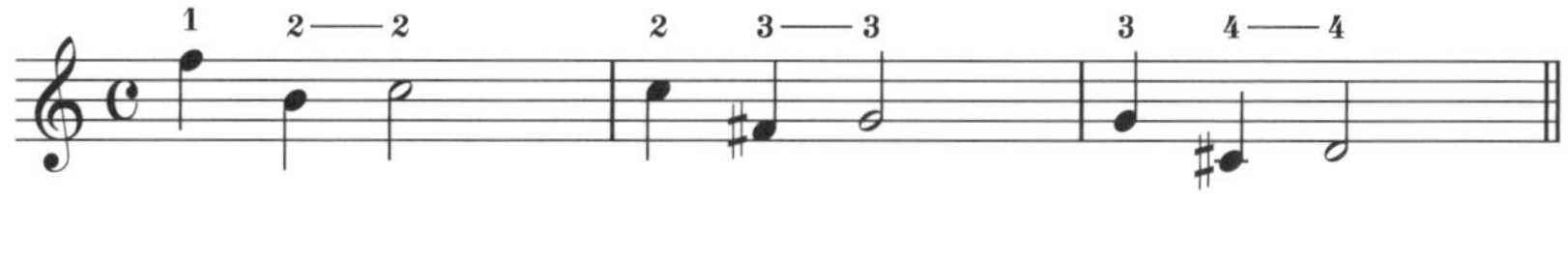

★「ずらす」時は指の力を抜いて!

楽譜7

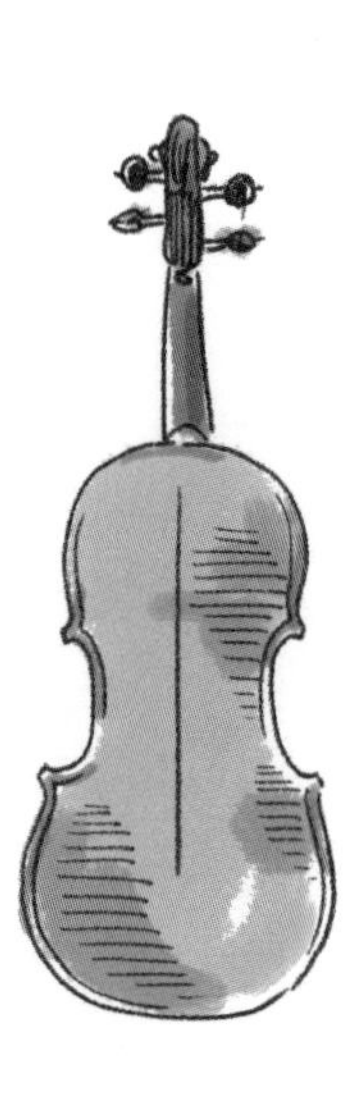

COLUMN

練習に必要な「バランス」と「見極め」

『バランスの良い練習』――といっても、「左手の練習をしたら、右手の練習もする」「部分練習をしたら、通し練習もする」「基礎練習ばかりではなく、楽曲の練習もする」といった程度に考えればよいのだが、それが案外難しい。

「課題を最初から練習していったら、課題の後半には力尽きてしまった」とか、「何も考えず宿題の曲を順番に練習していったら、全部弾き切れなかった」とか、そんな経験はないだろうか？ 結果的に、課題の後半はボロボロだった、肝心の楽曲の練習が不十分だった、なんてことになったりもする。

バランスの良い練習は、技術力全般を底上げするから、演奏がしっかりしてくる。直近の課題は優先すべきだが、長い目で見ると必ずしもそれがベストとは限らない。練習は食事と同じ。偏った練習は身体を壊すこともある。

内容のバランス、時間のバランス――練習を始める前に少しだけ考えてみよう。

☆

ときに基礎練習をし過ぎてしまう人がいる。その理由は、基礎課題が総じて“簡単そうに見える”ところにあるのではないかと思う。「すぐできそうな気がする」→「思いのほか弾けない」→「ちょっと焦る」→「もう一度挑戦する」→「やはりできない」→「かなり焦る」...そうして、やめるタイミングを見失い、練習のし過ぎに。

この負の連鎖に陥る人は、「できるようになりたい」「ある程度形にしたい」「仕上げたい」「完成させたい」という願望を強く持っている人に多い。これ自体は大切なことだ。問題は、どうなればそうなったと言えるのか？ そして、どれくらい練習したらそうなるのか？――これらの問いに答えられない場合だ。それが分からなければ終われない。そして、そんなことは正直わからない。

その日に完成しないことなんてよくある。特に基礎課題は「仕上げる」ものではないし、「仕上がる」ものでもない。「終わりが見えない」というよりは「終わりがない」。だとすると、時間で区切って無理矢理終えるしかない。「できていないのにやめる」ことには悔しさや後ろめたさがあって勇気が要る。それに、あまり中途半端な状態でやめてしまっても次に繋がらない。

『どこでやめるか』――ヴァイオリンの学習においては、その見極めが大事だ。

「5分なんかでは絶対に終わらない」という訴えがあった。「『看板に偽りあり』では?」と。そうだろうと思う。課題そのものはあっという間に終わる楽譜だが、それぞれが手に馴染むまでには時間がかかるであろうことは承知している。それでも「5分」にこだわっているのは、短い時間だからこそ集中でき、短い時間で行うから身体に入りやすく、短い時間だから続けられると考えているからだ。

叱られるかもしれないが、実はこのシリーズ、「シリーズで出した楽譜を『全部通して』5分」という設定で書いている。正直、「全部で5分」はさすがに厳しいだろうとは思っているが……。

「5分」に追われて練習がバタバタと慌ただしいものになっては本末転倒であるし、時にはじっくり基礎練習に取り組むのもよいと思う。ただ、専門性の高い練習は「オーバーユース症候群」などを発生させるリスクがある。短時間の基礎練習を、休養日を入れながら（あるいは内容を入れ替えながら）行うことが望ましい。ストレスになっては逆効果、少し物足りないぐらいで、楽しみながら続けていただけると嬉しい。

第8章

水平横軸運動

実は左手にはもう一つ、あまり系統立てた練習が行われない動きがある。弦の移行などの《水平横軸運動》である。（P30写真①参照）

■〈逆位置〉のスタンス

【譜例⑥a】を見てほしい。

何の和音かわかるだろうか？

これはジェミニアーニ（1687～1762）の『ヴァイオリン奏法論』*の冒頭、最初の最初にポツンと一つだけ書かれてある和音。そして、その解説にはこうある――「（この楽譜で）手の正しい位置を習得する」

この和音はこれ以降の教本や奏法書類にも出没する。あっても見逃してしまいそうな、このたった一つの和音の重要性に気付ければ、この章のテーマの3割はクリアしたようなもの……と説明されても、見ただけではピンとこないかもしれない。

【譜例⑥b】を参考に、実際に指を置いてみよう。音は出さなくてもよい。

譜例⑥

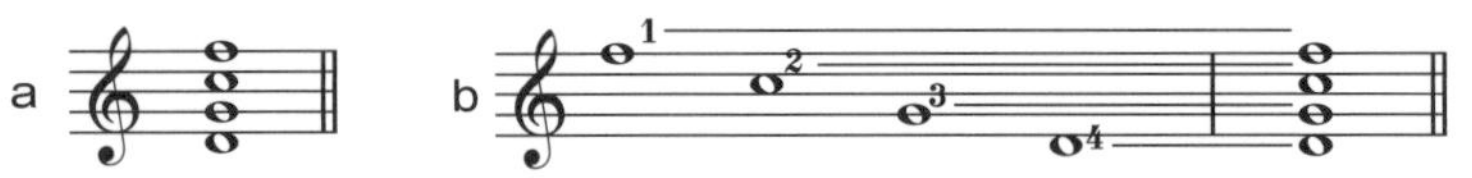

まず1の指をE線のfの上に置き、1の指を残したまま2の指をA線のcに、1と2の指を残したまま3の指をD線のgに、さらに1と2と3の指を残したまま4の指をG線のdに置く。4本の指を全部置くまで、どの指も上げてはならない。

この作業で、左手が辛くて思わず呻（うめ）いてしまった方、置いただけで力が入って身動きが取れなくなった方、いらっしゃるのではないだろうか？

さて、【参考譜例】はご存じ、J・S・バッハの無伴奏パルティータ第2番《シャコンヌ》の冒頭である。

ヴァイオリン弾きなら一度は挑戦してみたい曲だが、この冒頭で諦める人は少なくない。湧き上がる挫折感――その原因は様々考えられるが、多くを占めるのはおそらく「右手」ではなく「左手」。

では、これらの和音に共通する「左手の弾きにくさ・難しさ」は何に起因するのだろう？

もちろん、三重音、四重音と、重なる音が増え、使う指が増えればそれだけで難易度は増す。だが、問題はそれだけではなさそうだ。

最大の問題点は、実は左手のスタンスにある。

ここで【譜例⑦】の和音を弾いてみる。これも指を並べるだけでよい。同じ四重音でも【譜例⑥a】よりこちらの方が圧倒的に楽なのでは？

参考譜例 J・S・バッハ：無伴奏パルティータ第2番から《シャコンヌ》

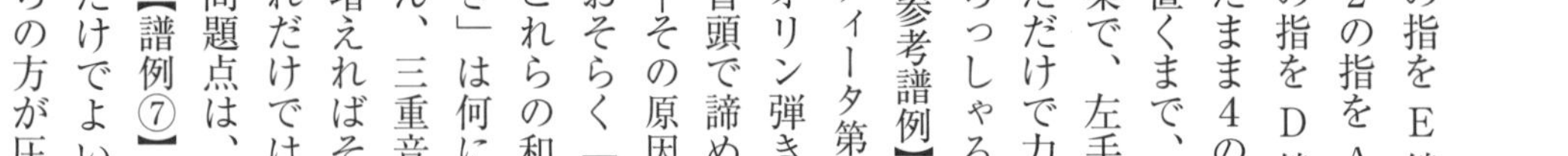

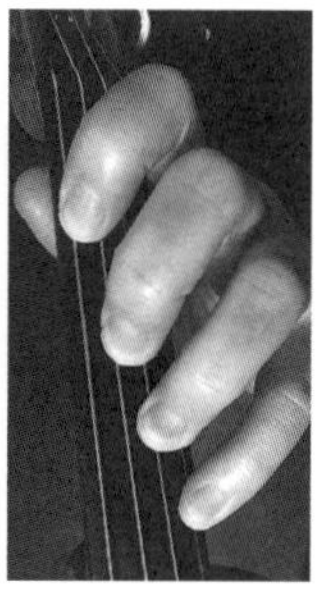
〈順位置〉

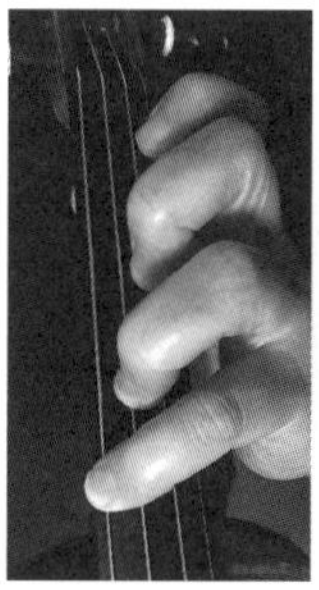
〈逆位置〉

ここで便宜上、【譜例⑦】のような手にあまり負荷がかからないスタンスを〈順位置〉、【譜例⑥a】のような手に負荷が掛かるスタンスを〈逆位置〉と呼ぶことにする。

同じ弦上でも、4の指を置くのが辛い人がいる。〈逆位置〉はそれに奥行き（横軸）が加わる。例えば【楽譜⑥a】のように、同時に4つの音を押さえる場合、4の指は慣れない方向に伸ばさなければならず、1の指はグッと手前に引き寄せる感じになる。結果、手のひら全体に捻(ひね)りが加わり、場合によっては肘を入れたり手の向きを変えたりしなければならないこともある。

《シャコンヌ》は冒頭からこの〈逆位置〉の三重音&四重音が続き、〈順位置〉でホッとしたのも束の間、また〈逆位置〉が次々とやってくる。心折れてしまう人が続出しても仕方がない。

〈逆位置〉の弾きにくさは、重音に限らない。同じ弦上で「1-2-3-4」と順に指を並べて弾くことはたやすい（【譜例⑧a】）。ところが同じ「1-2-3-4」でも、弦をまたがると音程が不安定になりやすい（【譜例⑧b】）。

この「音程の不安定さ」という点に関していえば、〈順位置〉でも起きる。《横軸》の位置関係、それに伴う動きを身体が理解していないからだ。

「もしかするとアルペジオ（分散和音）が苦手なのもそのせい？」——そうかもしれない。

〈アルペジオ〉の難しさの一つはフィンガリングの不規則性にある。〝不規則〟という言い方には語弊があるが。「どの指を使うか迷う」「指を間違える」といった場合はそれに起因している。

しかし、弦をまたがることで「どの弦の、どの位置を押さえるべきか」が、わからなくなる場合には、《横軸》が指の混乱を招いているとも考えられる。

となると、指板上の音の位置関係の把握はかなり重要だということになる。教本などで見掛ける『指板上の音列』といった図の意味もわかる。大切なのは、それを知識として頭に入れるだけでなく、身体で覚えることだろう。

■〈逆位置〉に慣れる

「どこを押さえればいいか」がわかったとしても、その位置に何の苦もなく指が行かなくては、スムーズな運指は望めない。まずは手に負荷のかかる〈逆位置〉に慣れておこう。

今一度、【譜例⑥a】を先の手順で弾いてみよう。

4本の指全部を弦上に並べたら、キュッと軽く力を入れ、弦を押さえて5秒キープ。次にそのまま力を抜いて5秒キープ。これを3セット行う。

力を入れている時も抜いている時も、呼吸は自然にして、身体には力を入れない。どの段階において

譜例⑦

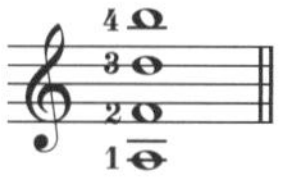

譜例⑧

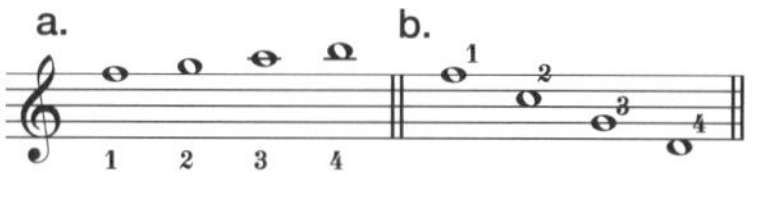

＊ジェミニアーニの『ヴァイオリン奏法論』：ジェミニアーニ（1687-1762）は、イタリアのヴァイオリン奏者、作曲家、理論家。『ヴァイオリン奏法論』は歴史的に重要な理論的著作のひとつ。

も強い痛みが出たら、すぐやめる。3セットで十分なので、やり過ぎないように。

最初は音程が悪くても構わない。音を出すと音程が気になってしまう人は、左手だけで構わない。「いける！」と思ったら音を出してみよう。この時点ではコード（和音）で弾く必要はない。一つずつ弾いてみて、個々の音程が正しく聴こえる範囲内であればそれでよい。

■重音三度に挑戦！

逆位置のトレーニングとして、よく使われるのが〈重音三度のスケール〉だ。

ヴァイオリニストが《三度のスケール》をよくルーティンに入れているのは、ソロ曲に頻出する重音三度の安定性を確保するためでもあるが、〈逆位置〉の運指を連続的に行うことで横軸移動に必要な筋肉や神経系を作るためでもある。

「逆位置トレーニング」としての基礎練習ということであれば、スケールである必要はない。とりあえずは【楽譜8】で充分だ。

よりトレーニング効果を上げるために、「4＝2」を置く時に、最初に弾いた「3＝1」指を残しておこう。入れ替える方が楽に感じるかもしれないが、トレーニングとしても、位置関係（指の隣接関係）の把握という意味においても、指を置いたままの方が効果的だ。

ただし、残した指にもこれから置く指にも力を入れないように。慣れない動きをすると身体が勝手に力んでしまうことがあるが、同じ動作を繰り返していると次第に力は抜けてくる。無理せず、気長に続けよう。

楽曲中、指を入れ替えることには何の問題ない。「置いたまま」というのは、あくまでもトレーニング方法の一つ。その場その場で、より演奏に適した方を選べば良い。

♪

〈逆位置〉は加齢と共に辛さが増してくる。個人的には、『上下運動』『水平縦軸運動』よりも、〈逆位置〉を含む『水平横軸運動』の方がより継続性の必要な課題ではないかと思っている。手を傷めてリハビリが必要になった時にもそれを強く感じた。

ジェミニアーニの記した和音は、ヴァイオリンを長く続けるための救世主なのかもしれない。二百年以上も前に書かれたジェミニアーニの書は、今でいう〝バロック奏法の教本〟ということになるが、根本的なところでは昔も今も、バロックもモダンも、何も変わらないのだということがよくわかる。

人間の身体構造&運動性といった視点で考えれば、かなり多くの問題が解決できるということだ。

楽譜8

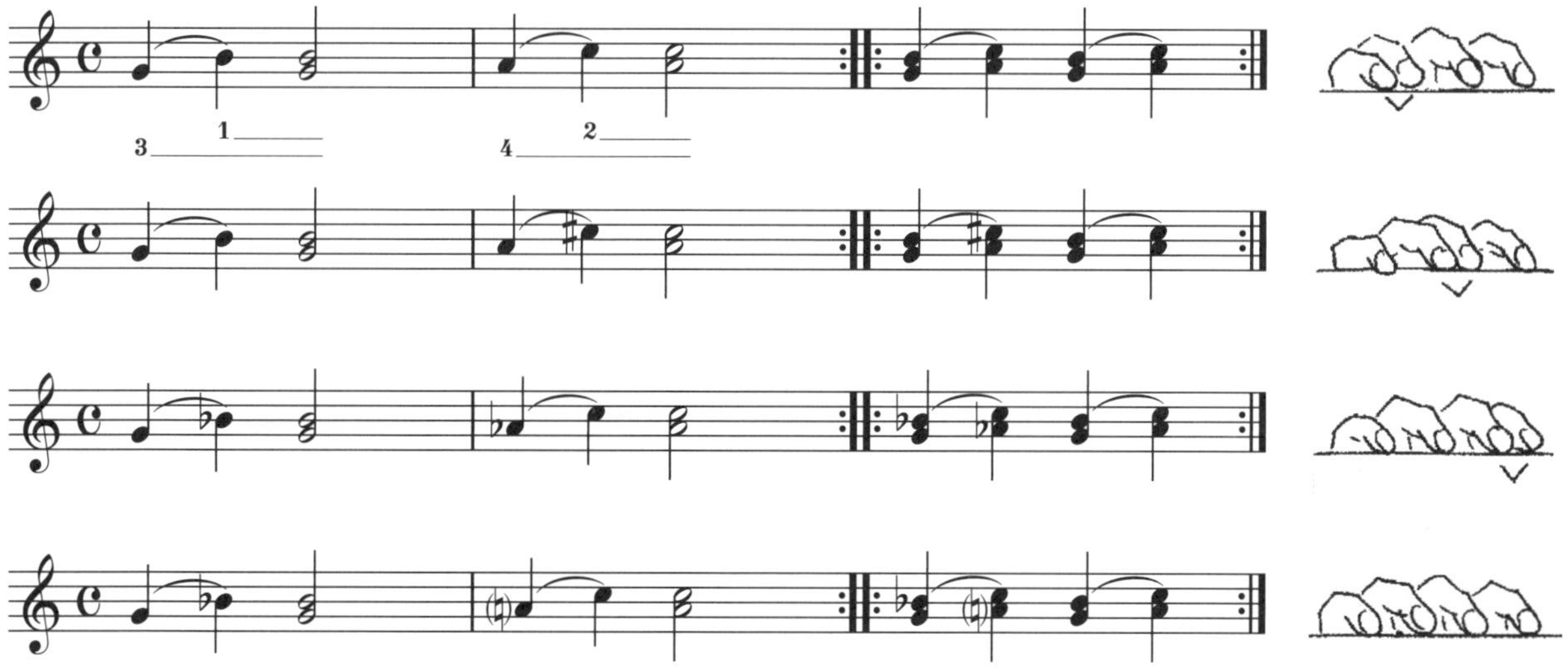

第9章 ピッツィカート

「弓が邪魔」「いい音が出ない」「音量が出ない」「粒が揃わない」……実際にやってみると意外に難しいのがピッツィカート。それほど頻繁に楽曲に出てこないから、つい練習の優先順位は低くなる。ほとんど練習しないまま迎える本番――ポコッ、バチッ……「ま、いいか。大勢に影響ないし」

■なぜ、基礎練習でピッツィカート？

ピッツィカート、意外に種類が多い。それはピッツィカートにそれなりの奏法効果があり、音楽的期待値も高いということの証明でもある。出現頻度が低いのはそれが「奥の手」だからとも考えられる。やはり手に入れておきたいテクニックだ。

「美しき持続音」を求めて、ヴァイオリンは今の構造になった。結果、〈ピッツィカート〉は鳴りにくい、楽器として苦手な奏法のひとつとなる。ただ、最も自然な弦の振動、そして最大振幅を作り出せるのは〈ピッツィカート〉だけ。一方で、〈アルコ〉の継続的な〝摩擦〟や〝圧力〟は、弦にとってはある種のストレスであり、そこには大なり小なりロスが生じてしまう。ロングトーンの練習などにおいて、はじいた時のような自然な弦振動の維持を目標にすることがあるが、これは「ロスの少ない弾き方」をマスターするためである。

ピッツィカートの種類

①一般的なピッツィカート

○単音

○二重音（ダブルストップ）、三重音、四重音

〈コード〉のピッツィカートには、ボロロンと鳴らす《アルペジオ》とバシッと同時に鳴らす《ストローク》がある。

②特殊奏法（参考譜例A～D）

A 左手のピッツィカート

《左手のピッツィカート（＋）》はカール・フレッシュをして「演奏すると大抵他の音が出てしまう。指を大きく動かせないから、弱くて耳障りな響きになってしまう。奏法としてどうなのだろう」と言わしめた奏法。でも、できたらカッコいい！

B バルトーク・ピッツィカート

《バルトーク・ピッツィカート（⦶）》は弦をつまんで引っ張り上げ離し、バチン！ という大きな音を立てる奏法。バルトーク以前にもあったが、バル

参考譜例B バルトーク：無伴奏ソナタ「フーガ」

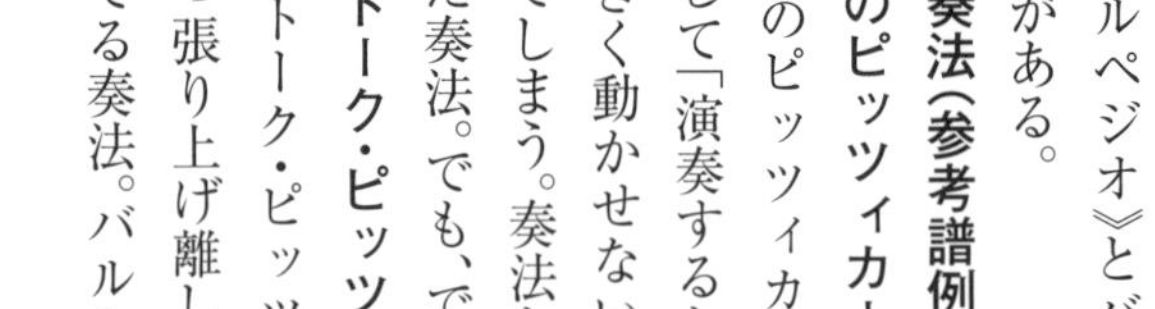

参考譜例C&D ラヴェル：ヴァイオリンソナタⅡ“ブルース”

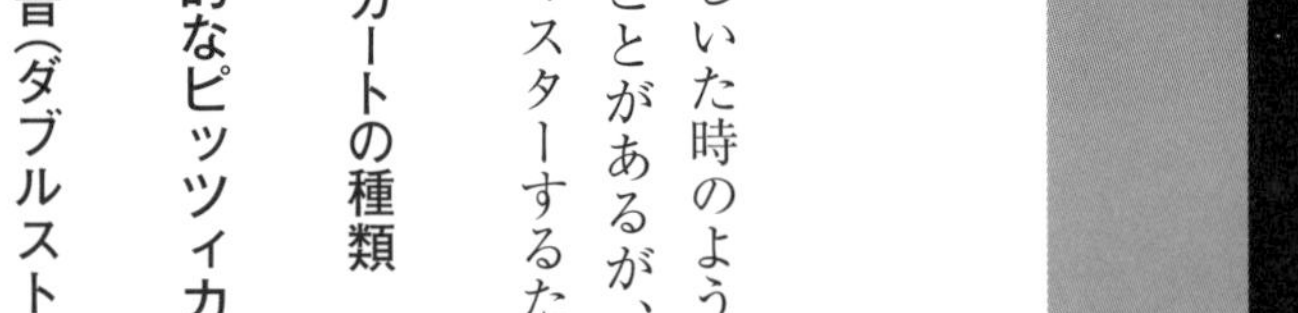

トークが指示記号を作ったためこの名が付いた。

C ダウンアップ・ピッツィカート

D グリッサンド・ピッツィカート

♪

基本的なピッツィカートを覚えておけば、楽曲で出会うたびに一から勉強し直す必要もなく、練習不足による不甲斐ない結果に後悔することもない。「習うより慣れろ」―― 日頃から親しむ程度の練習を積んでおけば、特殊なものでなければ対応できるようになる。

一般的なピッツィカートの技術ポイント

- ⊙**どの指で**／人差し指あるいは中指、親指 or 複数指（ダブルストップで使用）
- ⊙**指のどこを使って**／指の腹（柔らかい音が出る）、指先（硬めの音が出る）人差し指の爪の右横（主にストロークの時に使用）
- ⊙**はじく指の硬さ**／少し硬くして、（第一関節を）柔らかくして、棒状にして（ストロークの時）
- ⊙**弦のどこを**／基本的には指板の端から数センチの範囲内。はじく位置で音色が相当変わるので興味のある方は研究されたし（振動する弦の長さとはじく位置の相関関係に注目しよう）。
- ⊙**どのタイミングで**／動作に入ってから実際に音が出るまでの時間を意識する。
- ⊙**どういう動きで**／高い位置から、弦の少し上から、あらかじめ弦に指を当てて準備をしてから
- ⊙**はじく方向**／単音でカッチリ音を出したいときには弦に直角方向に（図１①）。アルペジオの時は第一関節を柔らかくし、箒で掃くような感じで図②の方向にはじくと上手くいく。ストロークの時は人差し指を棒状にし、図③の方向に打ち下ろすと「カッコいい」音が出る。

図1

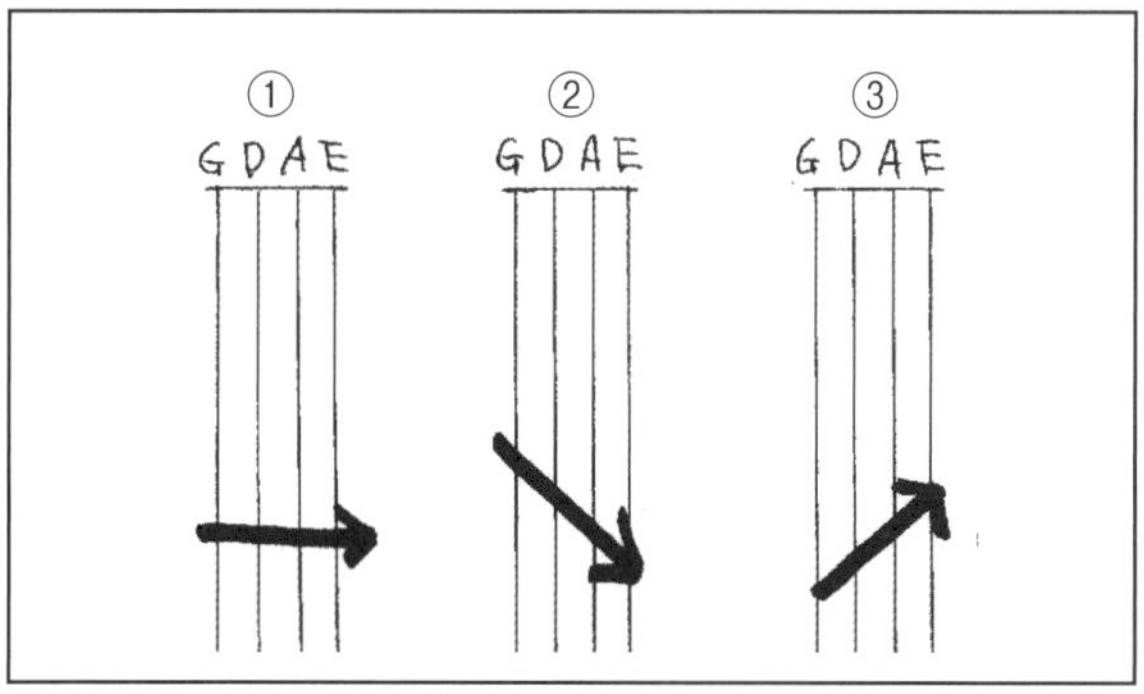

- ⊙**指の角度&深さ（弦との接触度合い）**／図２=①弦に触れる程度（撫でるような感じ）　②きちんと当てて　③しっかり引っ掛けて

図2

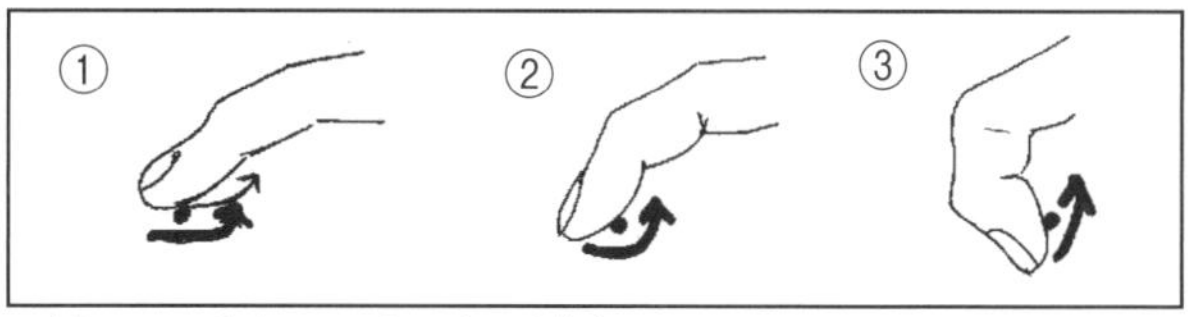

- ⊙**どのぐらいの速さで**／ゆっくり、速く

★ピッツィカートのヴィブラートは、かけ方を間違えると音が死んでしまうことがあるので注意。

参考譜例A サラサーテ：ツィゴイネルワイゼン

■いざ、練習！

ピッツィカートを演奏する際のスタンスには、幾つかの選択肢がある。（下図A～C参照）

次ページの下図のように

○弓を持って／弓を置いて

○弓を握って／弓を握らないで

○親指を付けて／親指を付けないで

まず【楽譜9①】を、弓を置いて練習してみよう。

実際には弓を持ったまま演奏することの方が多いが、ピッツィカートそのものに慣れるまでは妨げになる要素は少ない方がよい。弓を置いて、親指を軽く指板の角に当て、中指・薬指・小指は邪魔にならないよう軽く握り込み、柔らかく伸ばした人差し指ではじいてみよう。

コツが掴めてきたら、親指を当てずに練習、次に弓を持った状態で練習。この時、重要なのが弓の持ち方。はじくたびに弓（先）が上下してしまうようだと、連続ピッツィカートは上手くいかない。弓がぶれない持ち方を見つけよう。弓が持てていないと、ぶつけないか落とさないかと怖さが先に立って、思い切りはじくことができない。ただし、弓をギュッと握ってしまうとかえってブレがひどくなることがあるので注意。

弓を持ったままピッツィカートができる、そして、アルコとピッツィカートの持ち替えが瞬時にできる、それは弓が自在に扱えている証拠の一つでもある。

次に【楽譜9②】に挑戦。最初はゆっくり、一つずつ確実に鳴らしていこう。一生使うことがないかもしれない〈左手のピッツィカート〉が後半に入っているのは、左手の指の運動性・独立性の向上を期待してのこと。いろいろな運動をすることで眠っていた手の能力が覚醒、機能するようになることがある。無理する必要はない。うまくできなくてもいい。挑戦し続けることに意味がある。変な痛みなどが出るようだったら、右手のピッツィカートに変更して構わない。

■はじき方

練習にあたって留意すべき点は以下。

○響き：弦は美しく振動しているか。楽器が心地よく鳴っているか。

○音色：ピッツィカートで右手が操作できるのは発音の瞬間だけ。まずは、はじき方の引き出しを増やし、次に、自分のイメージ通りの音が出せるよう、頭と身体を繋げていこう。

○ディナーミク：ピッツィカートは意外にディナーミクが付記してあることが多い。音量操作もできるようにしておこう。

♪

実は大事な左手――「押さえ方」と「押さえるタイミング」が大きくピッツィカートの音質・音色に左右する。押さえ足りなくても、押さえ過ぎでも、良い音は出ない。ポコッという音になってしまう時は大抵、左手指が押さえ足りないか、あるいは右手と左手のタイミングが合っていないかのどちらかであることが多い。

では、前ページで示した技術ポイントを参考に、トライ！

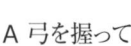

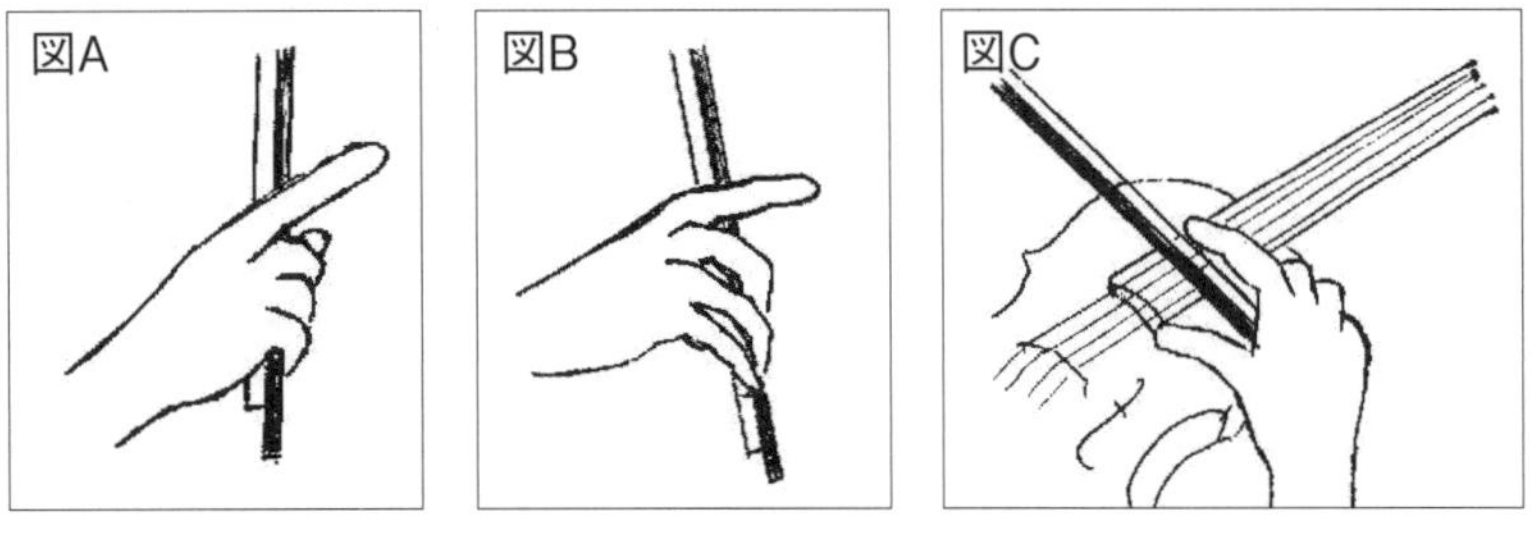

A 弓を握って

B 人差し指または中指だけ伸ばして

C 指板の隅に親指を当てて

楽譜9

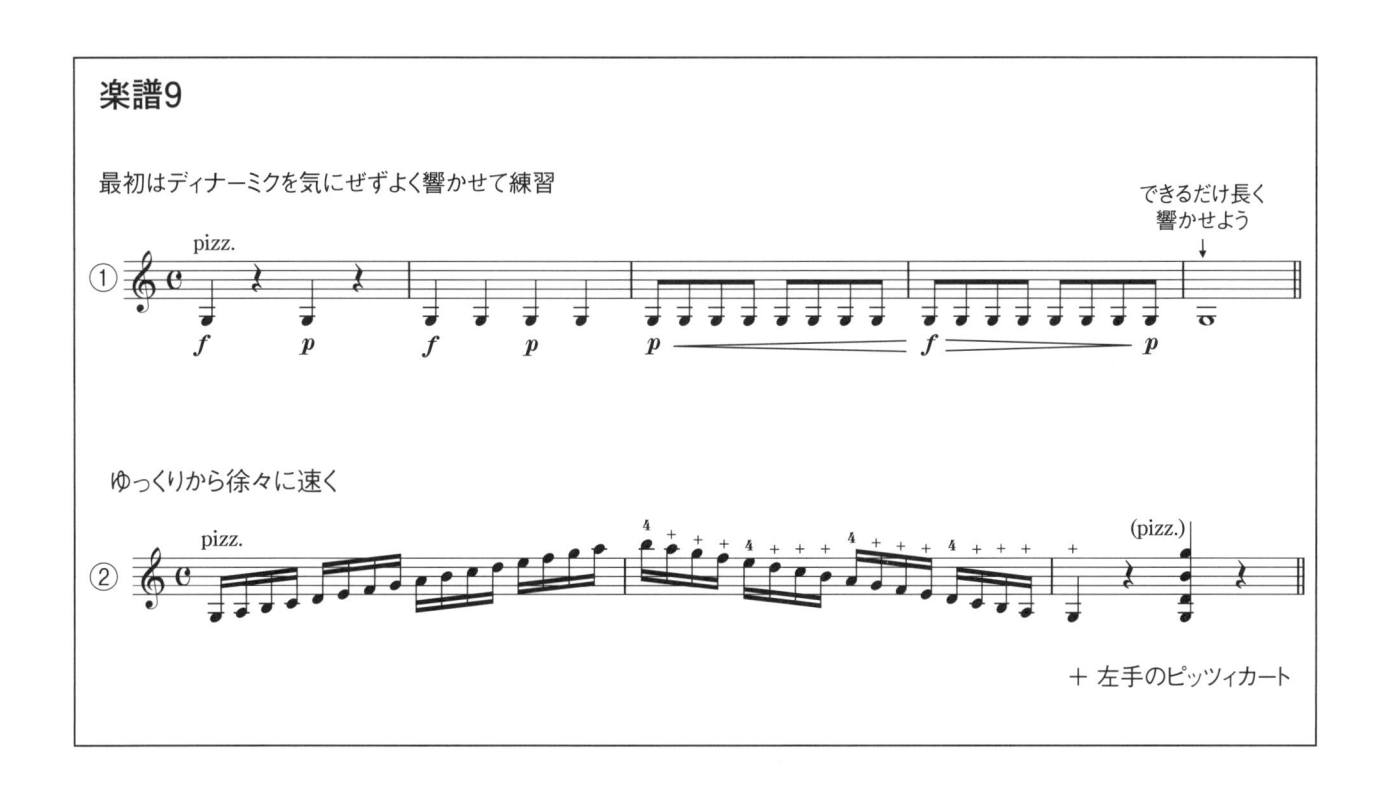

最初はディナーミクを気にせずよく響かせて練習

できるだけ長く
響かせよう

ゆっくりから徐々に速く

＋ 左手のピッツィカート

第10章 ハーモニクス

〈ハーモニクス〉は「倍音奏法」とも呼ぶ。フラジオレットという楽器の音色に似ていることから、「フラジオレット」——フラジオとも呼ばれている。

図1 ストップノートとハーモニクス

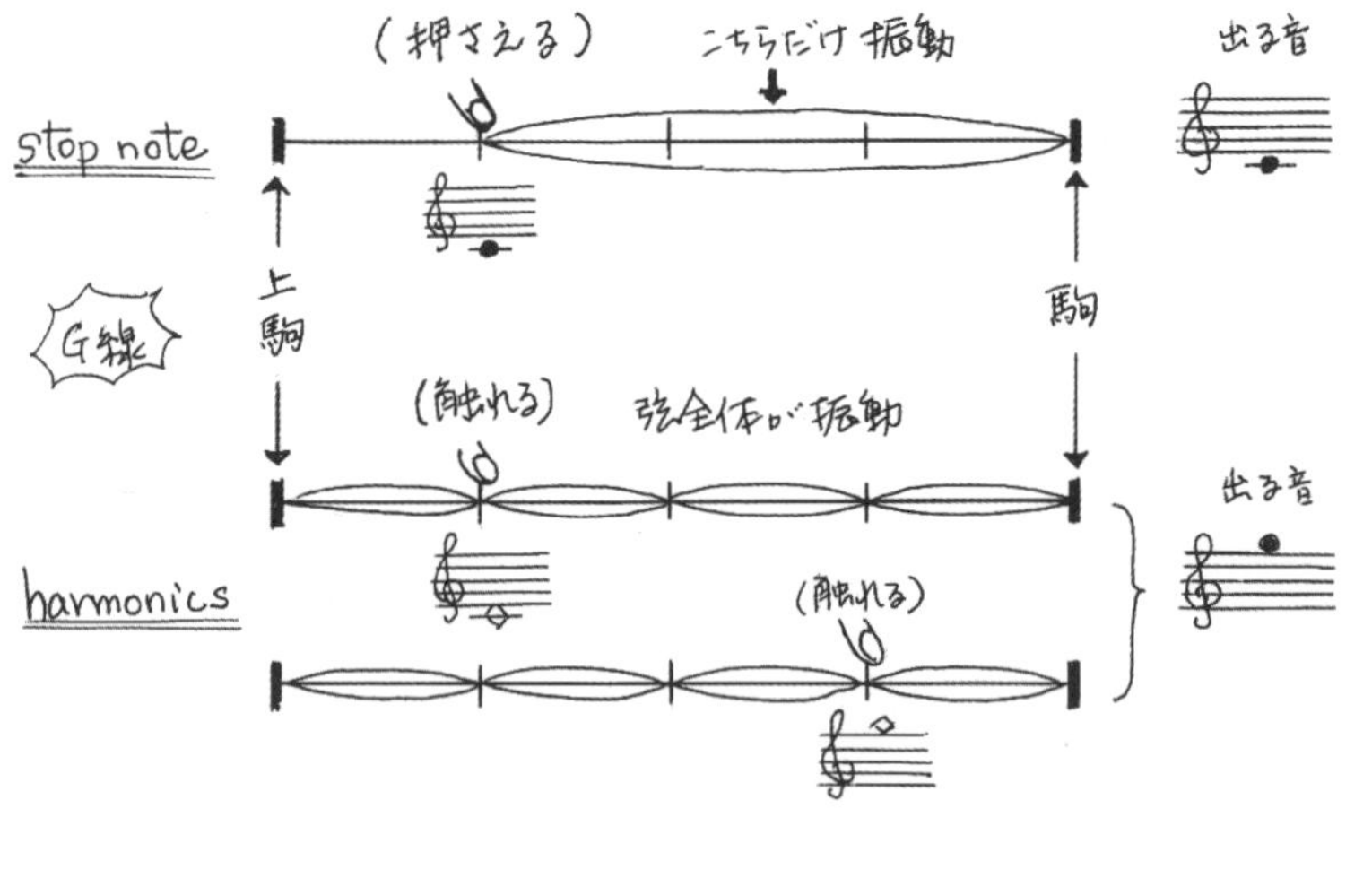

■なぜハーモニクスか?

〈ハーモニクス〉は総じて音量感に欠け、とてもパワフルな音色とはいえない。その音色は聞きようによっては、空虚で表情のないものにも思える。上手く音が出ていない時はなおさら、この傾向が強くなる。しかし、実音とは対照的ともいえるハーモニクスの音色は美しく印象的で、効果的な表現法の一つであることは間違いない。

艶やかなハーモニクス音を出すには、多くの技術的問題をクリアしなければならない。逆にいえば、ハーモニクスをマスターすることで全体的な技術のレベルアップを図れるということでもある。

ハーモニクス奏法においてはヴァイオリンの実音音域をはるかに越える音域の音が出る。これを日常的に弾き込むことで、楽器の高音域の音に対しての反応(感度)が良くなる。結果として、ストップノート(従来の弦を指で押さえて得る音)の音色も深まり、響きが豊かになることが期待できる。

質が低い、あるいは状態が悪い楽器は倍音を十分に増幅できず、ぼうっとした籠(こも)った音になることがある。弦や弓の毛の新旧も、ハーモニクス音の出に影響を与える。

ハーモニクスを学べば、「左手の押さえ方のコン

＊ハーモニクス: 弦楽器の特殊奏法。弦上の一点に軽く触れて人工的に節=nodeを作り、倍音を得る。

譜例⑨ ■倍音列、G線で出る倍音、弦の分割、記譜、指板上のストップノート〜その相関関係

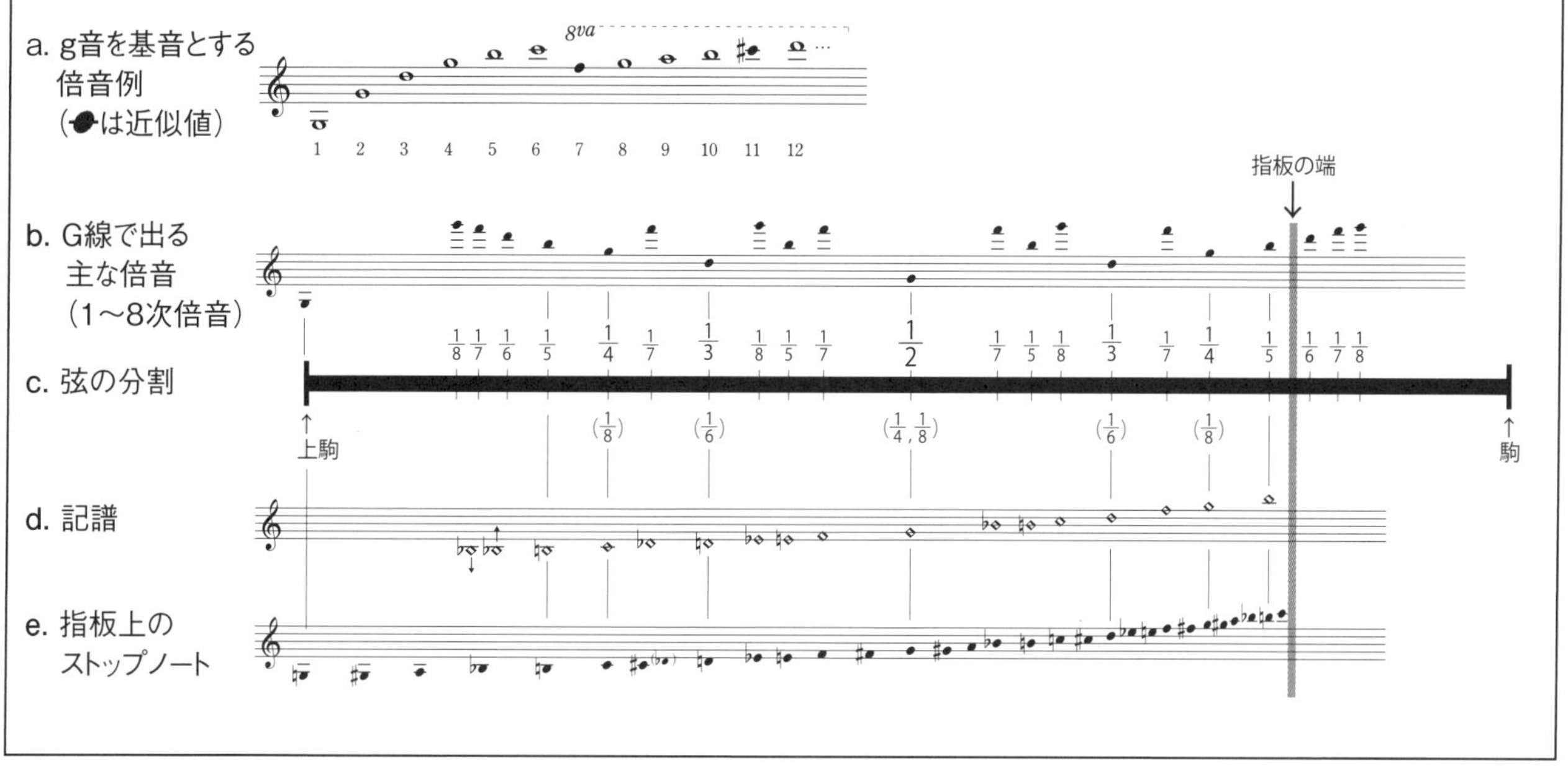

トロールを学べて」「ボウイングが上達し」「楽器の反応が良くなり」「楽器や弦の状態を把握できる」……これを基礎練習に組み込まなくてどうする？

■倍音とは

人の可聴範囲は約20〜2万Hz、これに対してヴァイオリンの実音音域は約200〜2000Hz。さらにヴァイオリンは可聴上限を超える倍音を持つ。この「聴き取れて」はいないが「捉えてはいる」豊富な倍音が、ヴァイオリンの音色を創りあげている。

〈音〉は基本的に複数の成分音からなり、これらは〈基音 fundamentaltone〉と、それ以外の〈上音 overtone〉とに分けられる。前者は「音を正弦波に分解した時にもっとも周波数の低い（振動数の少ない）もの」を、後者は「その音が持つ基音より振動数の高いすべての音」を言う。〈上音〉の中で周波数が整数倍になっているものが〈倍音 harmonics〉。

人は〈基音〉に相当する音を「聞いて」いる。実際には、可聴範囲内であればそれ以外の上音も聞こえているが、基音が振幅や音量の面で他の音を圧倒しているためその基音だけが認識され、その音の〈音高〉として規定することになる。

■ハーモニクス（奏法）とその種類

ハーモニクスは、「弦に軽く触れることによって人工的に振動の節 node を作り、基音を消しながらその音の持つ倍音の一つを最優位に聞かせる」という奏法。【図1】にあるようにハーモニクスとストップノートは理論的に全くの別物で、〈ストップノ

ート〉はハイポジションになるに従って音が順に高くなり、同時に音と音との幅が狭くなっていく【譜例⑨e】が、〈ハーモニクス〉は弦の1/2を境に出る音が左右対称になり、「音高の並び」や「音と音との幅」は一見ランダムなもの【譜例⑨b】になる。

♪

ハーモニクスには二種類ある。【下図参照】

(1) 自然的ハーモニクスnatural harmonics：振動する弦の1/nの位置に指を軽く触れ、それに相当するn次倍音を出す。

(2) 技巧的（人工的）ハーモニクスartificial-harmonics：基音を1指（あるいは2指）で作り、4の指（あるいは他の指）で完全四度（あるいは完全五度、長三度）上に指を軽く当てて振動の節を作り、ハーモニクス音を得る。自然的ハーモニクスで出ない（出にくい）音を確実に出すことができ、ヴィブラートを掛けることもできる。……でも、ちょっと難しい。

♪

『自然的ハーモニクス』の場合は「音符の上に○印を書く」あるいは「◇で音符を記す」などとして、指で触れる位置を音で示す。「弦の1/2位置」とか「弦を3分割した指板側の位置」などと書いても奏者にはわかりにくい。苦肉の策ともいえる記譜法だが、「記譜音が必ずしもピッタリの位置にない場合がある」こと、「ストップノートとハーモニクスでは〈音高〉を作る指と弦の接点が必ずしも同じ場所でない」こともあって、「ここだ！」と自信をもって弾いても望むハーモニクス音が出ないことがある。だが、悩むことなかれ。間違いなく目的地はその近くにある。音が出た所が正解。

『技巧的ハーモニクス』の場合は「ストップノートを普通の音符で書き、節を作る音を◇音符で記す」のが一般的な記譜法。

■実践するにあたって

◎左手

指先あるいは指の腹でそっと弦に触れるだけでよい。実音になる、あるいはそれに近い音が出たりしたら触り過ぎ。通常の指の形のまま行う場合、つい弦を押さえ過ぎてしまうという人は、それを問題として解決しておくとよい。

◎右手

上手くいかない原因は「ボウイングが九割」と言っても過言ではない。鳴らないからと力任せに弾いては美しいハーモニクスなど望めない。発音の瞬間も重要だ。圧力とスピードのバランスが鍵となる。怖がらず、最初はスピード感のある速めのストロークで練習するとよいと思う。ロングトーンの練習成果がここに出る！

注意すべき点は（ストップノート以上に）、G線～E線、ロウポジション～ハイポジションをすべて同じ感覚では弾けないということだ。これは経験値がものをいう。基礎練習に組み込む理由のひとつだ。

■さあ、弾いてみよう！

では〈自然的ハーモニクス〉に挑戦！【楽譜10-A】（フィンガリングは参考）。

人工的ハーモニクス【譜例⑩】も少し練習してみ

図2

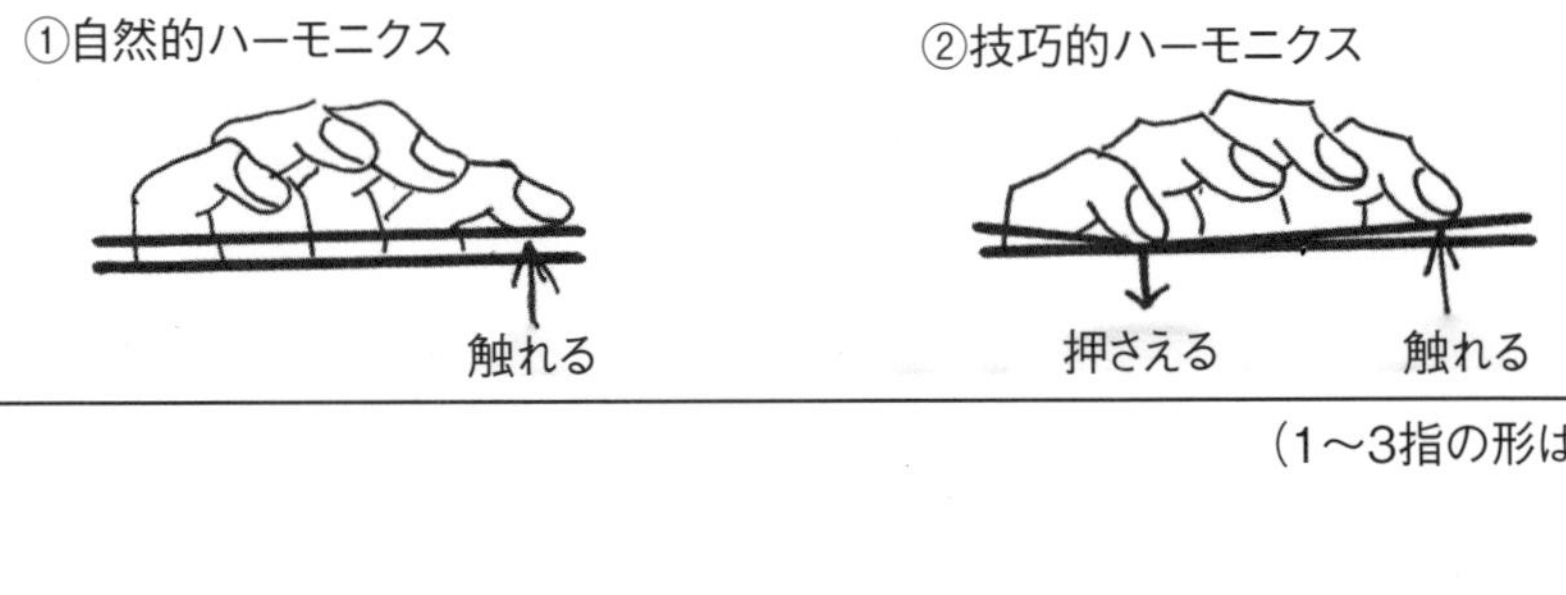

（1～3指の形は一例）

よう。（できれば各弦で）

最終課題は【楽譜10‑B】。これは応用課題なのでハーモニクス初心者には少し難しいかもしれないが、できた時に得られるものは多い。

〝1回5分の基礎練習〟としては、【楽譜10‑A・B】を丁寧に、一回ずつ弾けば十分。身体のこりをほぐすように、楽器と対話しながら弾き込んでいこう。

自然的ハーモニクスの低次倍音は上手く出せていると、左手指を離しても、弾き続けていればそのまま音が持続する。これは一つの目安になるだろう。

この基礎練習はハーモニクスを「出す」課題メイン。「使う」課題は取り上げていないので、これに関しては別途学習を願う。

譜例⑩

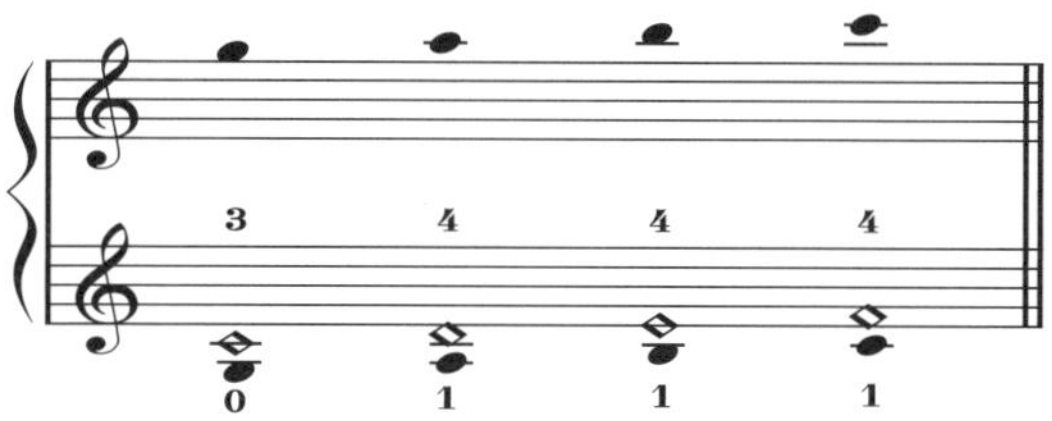

[閑話休題] いろいろな練習方法のご紹介

作戦の立て方次第で世界が変わる。
楽しく練習して技術力アップ！

メモリ増し増し作戦

本番で、興奮していつもより速く弾いてしまうかもしれない、伴奏者がいつもより遅く弾き始めてしまうかもしれない、そんな時に焦らないために行う。弾きたいテンポよりメトロノームでひとメモリかそれ以上、速い曲はより速く、遅い曲はより遅く練習しておく。インテンポが怖くなくなる。

ながら作戦

「他のことを考えながら弾こう」という絶対先生に怒られそうな練習方法。何かを気にし過ぎると、それが逆効果になることがある。考え過ぎて弾けなくなったり、全体像が見えなくなったりしないよう、ある程度練習を重ねたら、敢えて問題点とは違うことを考えながら弾いてみようという作戦。

パーツ分け作戦

〈音型〉〈フィンガリング〉〈ボウイング〉等が同じパターンで繰り返されている箇所を見つけ、それをパーツ別に徹底的に練習、改めてグルーピングするという作戦。一見機械的な練習のようだが、その作業はモチーフ（動機）の理解に繋がり、結果的にフレージングや楽曲構成への理解へと広がる。

鬼トレ作戦

「協奏曲全楽章1日30回!」といった、ひたすら回数をこなす作戦。曲が完全に身体に入ってから行う。回数を重ねると弱みがはっきり見えてくる。心身共に力尽きると思わぬミスをすることもあり、自身の内にある危険因子を事前に発見することができる。回数を弾いたことは自信にも繋がる。

楽譜10-A

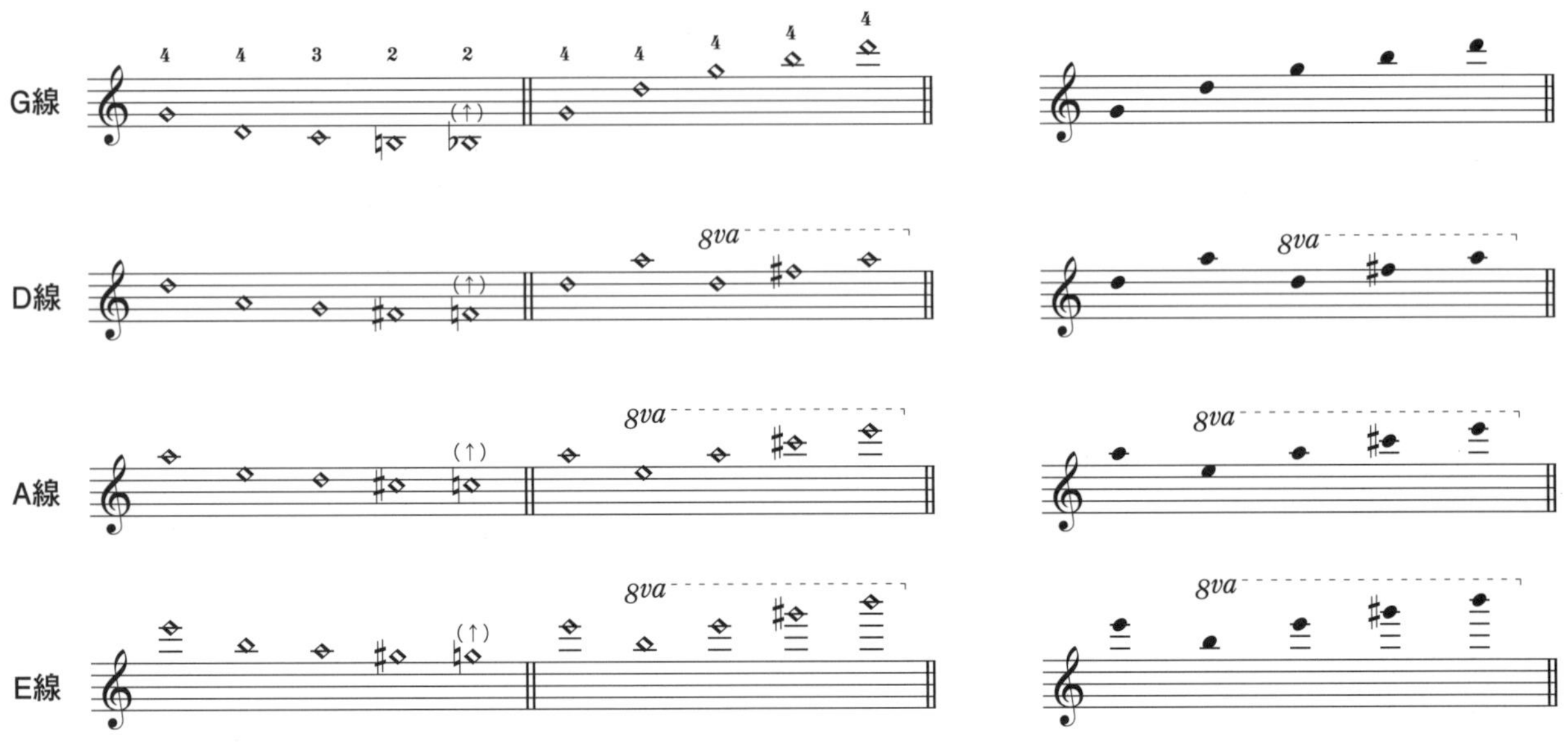

楽譜10-B

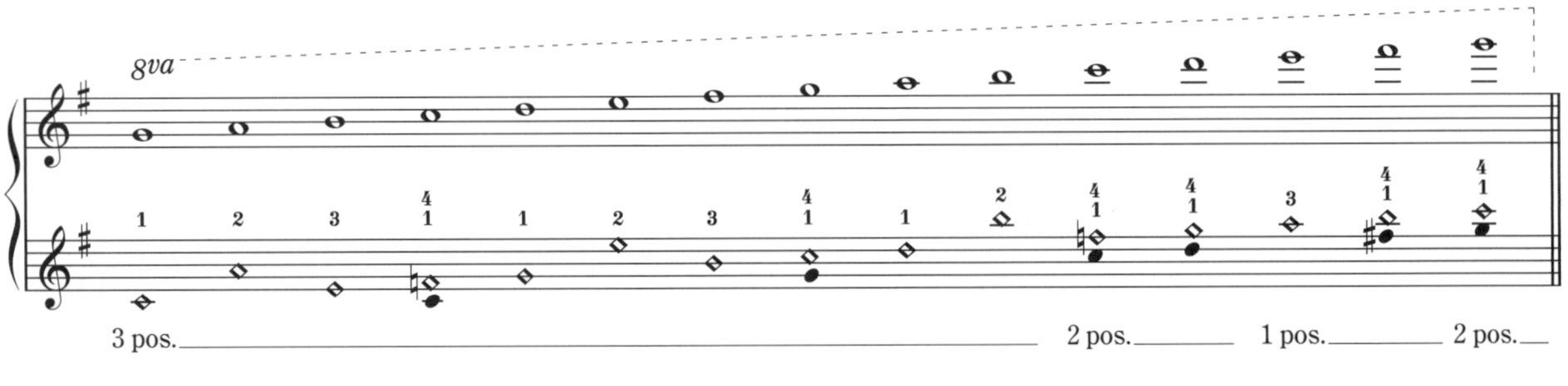

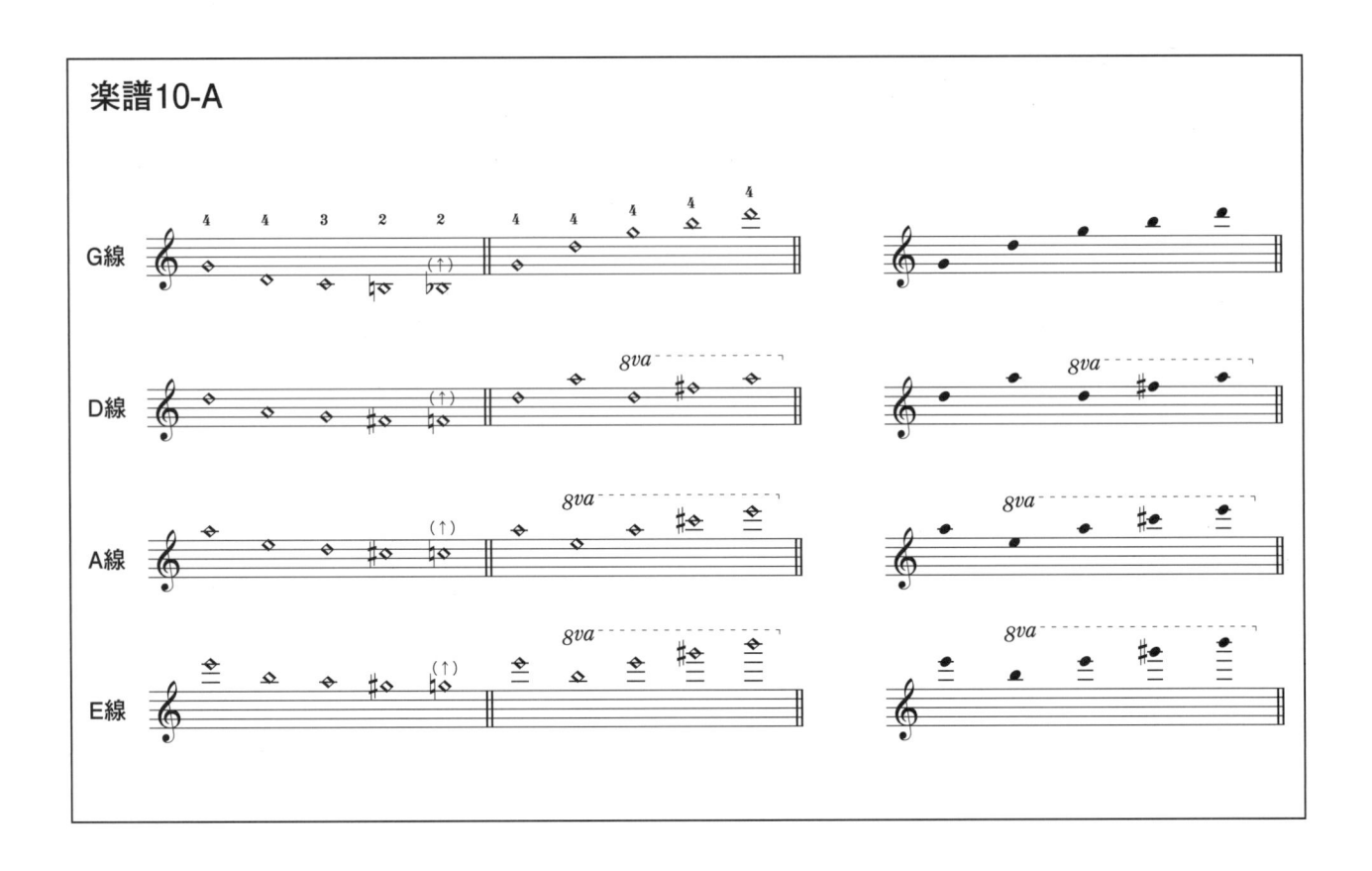

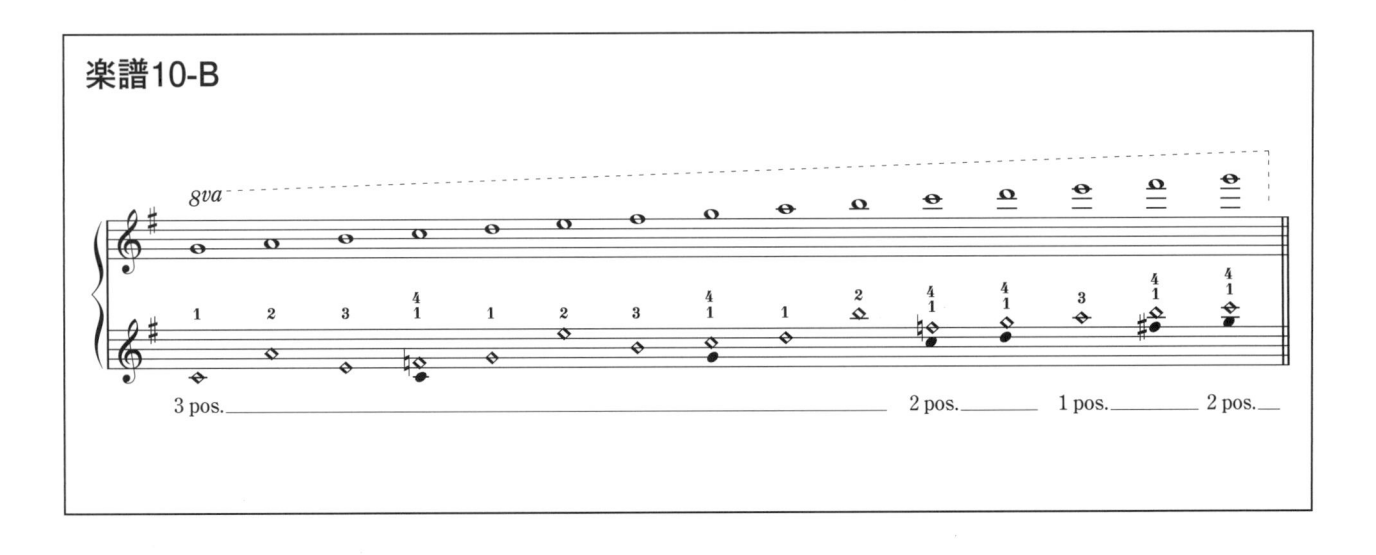

第11章
コード（和音）

〈ピッツィカート〉、〈ハーモニクス〉に続いて〈コード（和音）〉。使用頻度の低いこれらの奏法を基礎練習に組み込むのは、それを〝技術〟として定着させるため。その練習で得るものは、その技術だけではない。身体能力そのものをアップさせることにもなる。

♪

ここでは〈コード〉を中心に、ボウイングの三次元的要素を強調した基礎練習をご紹介。

注目したいのは「肩や肘の上下動および回転運動」、そして「右手の（音を出していない間の）空間での動き」なのだが、その話を始める前にこれらの学習を阻害する〝隠れた敵〟がいることを伝えておきたい。

それは《引力》。試しに、右手を軽く曲げて肩の高さまで上げ、その状態を30秒キープしてみよう。腕の重さを実感できただろうか？

知らない間に右肘が下がる、E線の音が浮いたり滑ったりする、スピッカートが苦手、G線→E線方向では問題ないが逆方向への移弦ではタイミングが遅れる……こういった悩みも「腕の重さ」にその原因があったりもするのだが、そうと気付いていない場合も多い。体重50kgの人で片腕の重さはおよそ3kg。それをそれとして意識した練習が必要だ。

■「大胆な移弦」

『死ぬほど遅いロングトーン』『一瞬での全弓弾き切り』といった「限界への挑戦的練習」が奏者の身体能力アップに繋がることは認知されてきている。それらに加えたいのがこの「大胆な移弦」。普段は比較的避けられる傾向にある『一弦&二弦とばし』を敢えてやってみよう、というもの**【譜例⑪】**。

最初は全弓でゆっくりから。動きに馴染んだら部分弓（先弓&中弓&元弓）で徐々に速く。最後は高速で。音と音との間に雑音を入れないよう気を付けて、できるだけレガートで。腕は大きく「大胆に」動かしてみよう。「大きく動かさない」ことと「大きく動かせない」ことは全く違う。後者は演奏の貧弱さに繋がる。「大きな動き」は「深い呼吸」ともリンクする。怖がらずに挑戦してみよう。

■〈発音〉と〈語尾〉

「音の持続部分ばかりに気を取られていないか？」と注意されたことがある。「音色は発音で決まり、音楽は語尾で決まる」と。この発言が100％正しいかどうかは別として、言いたいことはよくわか

譜例⑪

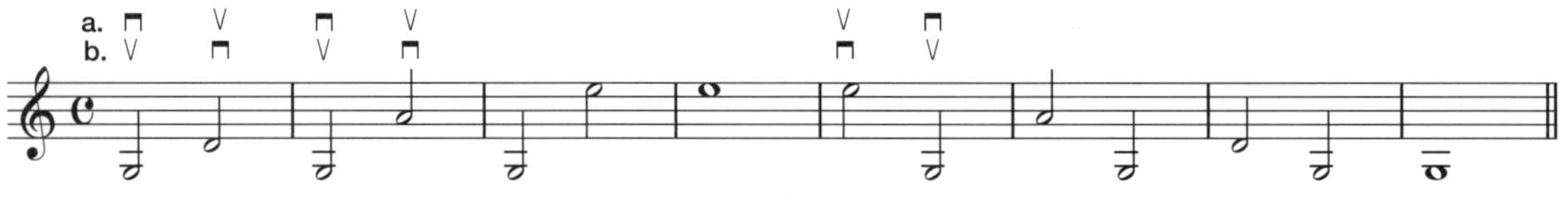

譜例⑫

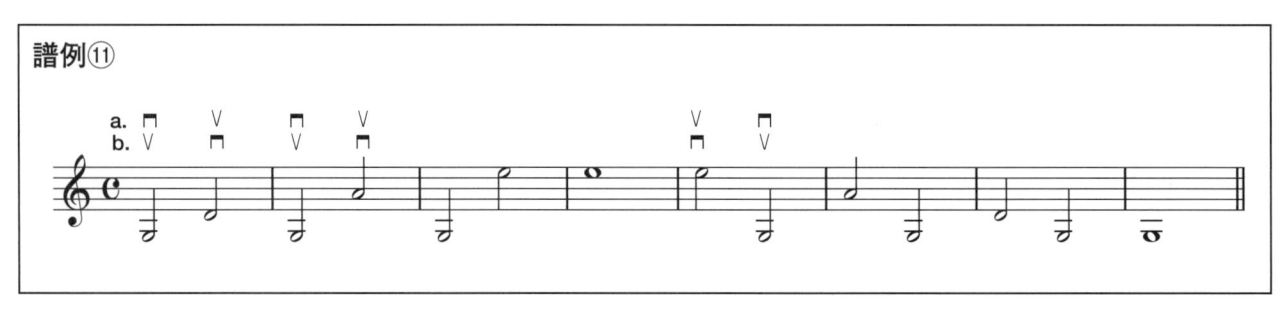

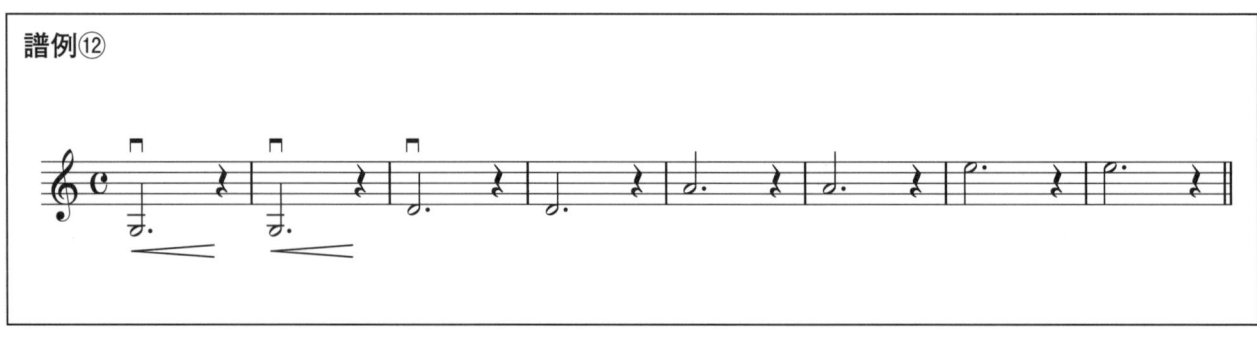

る。いつも弓を置いてから弾き始めていないか？いつも弓を止めて音を終えていないか？それが意図的なら問題ない。しかし……。

意識すべきは「始める前」と「終わった後」。それは「音が出ていない時間」でもある。音楽で『休符』がそうであるように、技術上の『音のない時間』が音楽を創っているのだと考えてみよう。

【譜例⑫】を弾いてみる。毎回弾き始める位置は同じ、弓は徐々に加速して勢いよく弾き切り、空中に円を描くようにして弓を戻し、弦に接地したらまた徐々に加速し、弾き切る。目標は流れるような動き。

学習初期では「ボウイングの安定」を第一目標とするため、弦から離れない直線的なボウイングを優先的に学ぶ。教本によっては後々のことを考えて、〈コード〉や〈弓を戻す〉といったテクニックを早い時期にさりげなく入れ込んでいるのだが、それがさりげなさ過ぎるのか、時期尚早と判断されるのか、深く学ぶことなく通り過ぎてしまうことも少なくない。

弦の支えに頼り、ただ弦上を行ったり来たり……そんな弾き方ばかりしているうちに、右手各指はそれぞれの役割を見失い、最低線の仕事に甘んじることになる。本来持つ能力は発揮されず、弓を持ち上げることさえ怖くなる。弓を上下に勢いよく動かしたり、弾き切ったりしようとすると、弓を取り落とすのではないかと不安になる。でも、そういう動作を「日常」に組み込めば、身体はいずれ受け入れ、やがて難しいとも思わなくなる。恐れがひとつ減れば、演奏はまた少し自由になる。

♪

＊ディヴィジ（division/div.）：複数の奏者が1つの和音を分けあって演奏する。

〈アクセント〉や〈スピッカート〉〈弓の返し〉の遅れを指摘されることがある。この「発音の遅れ」「タイミングのずれ」は、『自身が「動け」と指令を出した瞬間』あるいは『自身の身体が動き始めた瞬間』と『音が出る瞬間』との間にあるタイムラグが原因。それと気付かないことが多いのが問題だ——空間と時間。

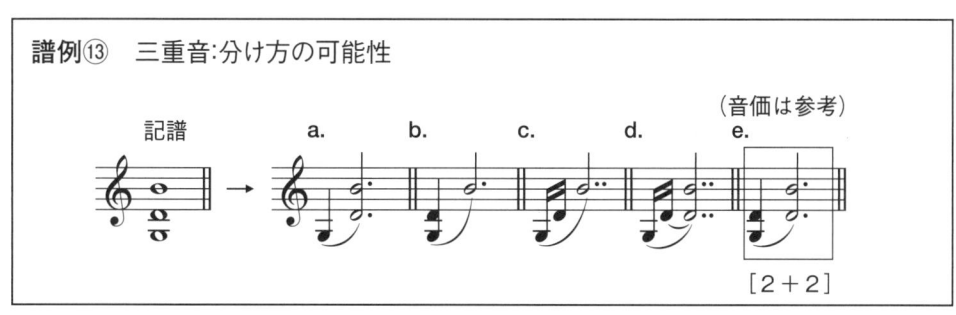

譜例⑬　三重音:分け方の可能性

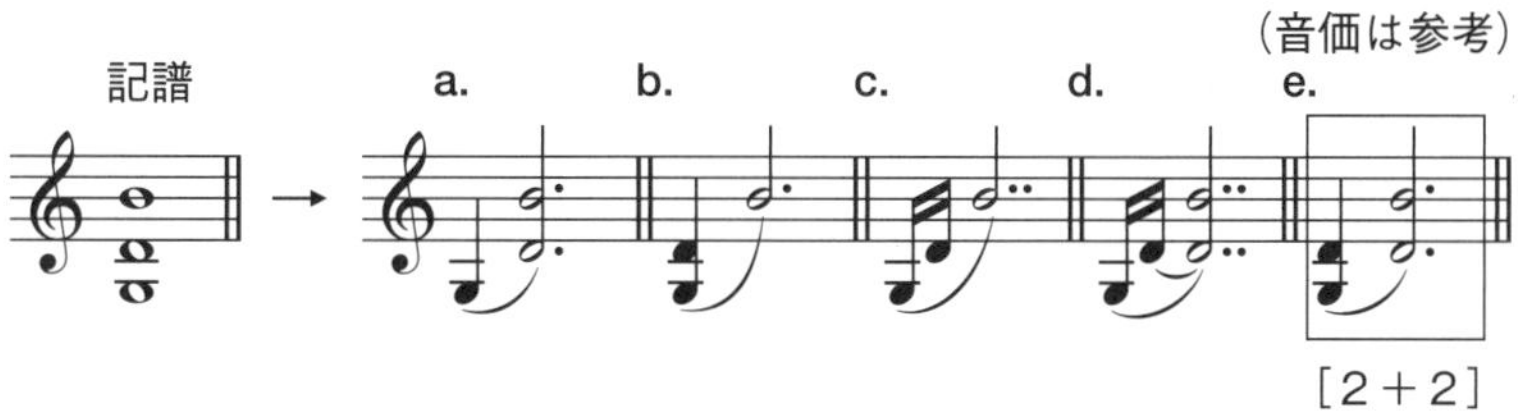

譜例⑭　四重音コード

★前打音的な部分（音）を徐々に短くしていく

■コード（和音）

スケールや楽曲の終わりなどに突然現れたコードに、ドキッとしたことはないだろうか？

コードを美しく弾くのは難しい。その割に、出てくる場面が少ない、数もそこそこ、しかもオーケストラにおいては「ディヴィジ」*などという手法があったりするものだから、ついおざなりに……。

♪

コードには、〈ブロークン・コード〉〈アンブロークン・コード〉〈ターンド・コード〉がある。

〈アンブロークン・コード〉は、全ての音を分けずに同時に弾く奏法を言う。弓の棹と毛の弾力（柔軟性）を利用して複数弦を同時に捉える。右手首や指の柔軟性も重要【参考譜例A】。

〈ターンド・コード（回奏コード）〉は、主に対位法の音楽で使われる弾き方。各声部のメロディがそれぞれ繋がって聞こえるように、時には上（高音）から下（低音）へ、また戻って途中で止まるなどする特殊奏法。どの音を浮かび上がらせたいかによって、その弾き方を決めていく。奏者の解析能力も問われるちょっと高度なテクニック【参考譜例B】。

♪

一般的なのが和音を分けて弾く〈ブロークン・コード〉。今回はこれを勉強する。

まず、分け方の可能性を見ておこう【譜例⑬】。

ブロークン・コードの中でも「2音＋2音【譜例⑬e】」の分け方が最も一般的。まず、この「2＋2」をマスターしておこう。

では、以下に注意して【譜例⑭】で四重音コードを練習してみよう。

参考譜例A　パガニーニ：24のカプリース第24番var,8

参考譜例B　J･S･バッハ：パルティータ第2番より《シャコンヌ》

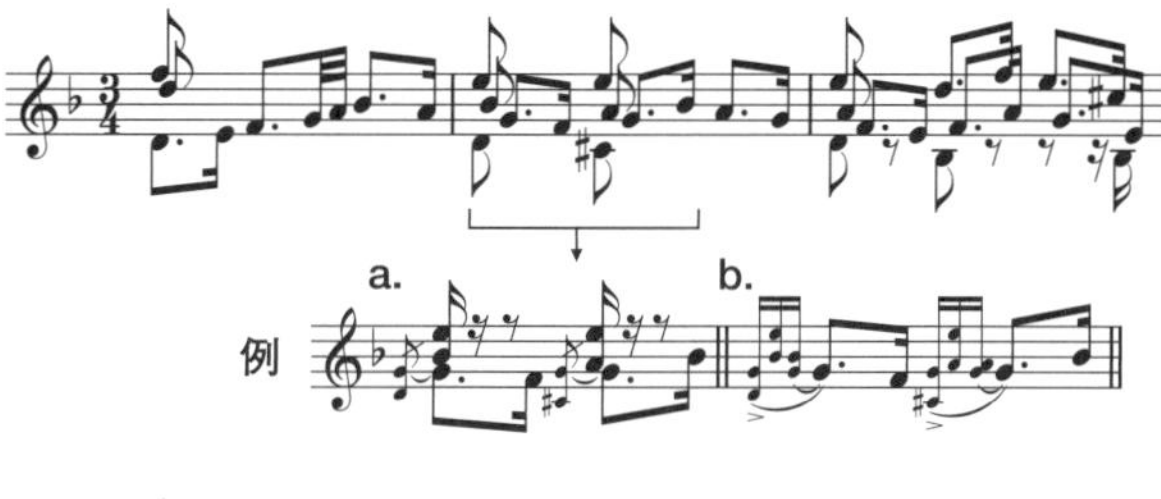

○元から弾き始め、全弓を使用。
○確実に2弦→2弦を捉える。
○下2弦の弓の使用量は極力少なく（5㎝以内に収めたい！）。
○移るときの弓の角度（落差）は最小限に。
○指と手首にクッションをきかせて。
○不要な圧力は掛けない。
○余韻が残るよう軽く弾き切る。
○（休符で）弓を戻す時は【譜例⑫】の感覚を思い出して。
○伸びのある豊かな音を目指す。

ポイントの一つが『肘位置』。

構えた時の肘が高過ぎると、腕の運動量（上下動）が大きくなり過ぎ、もたつく。肘が低過ぎると、手首が曲がって移弦運動の妨げになる。動きとしては肘先行。ただし、肘を意識し過ぎると身体が委縮したり、動作が大雑把になったりするので注意。

♪

コードには短く弾き切るものもあれば、一小節丸々伸ばすようなものもある。一つ目の音に弓を使い過ぎないこともポイントの一つ。残る音にどれ位の弓を取っておくかを計算しておこう。

ということで、【楽譜11】に挑戦！

COLUMN

できないことを楽しむ人たち

アマチュアの方々対象のワークショップをするようになって開眼したことがある。それは練習が楽しいものだということ。「練習は辛いものだ」という先入観もあって（それはいつ頃埋め込まれたのだろう？）それまで練習を「面白い」と思うことはあっても、「楽しい」とまで思うには至っていなかった。

ワークショップでは来てくださった生徒さんたちを取っ捕まえて、“あれができてない、これができてない”と指摘、挙句の果てに「参考になるから他の皆さんに（できていないところを）見せてあげてくれる？」なんて極悪非道な振る舞いをするのだが、ほとんどの生徒さんがそれを嫌がらない。嫌がらないどころか「私もできません！」と嬉しそうに手を挙げて申告する人、多数。

できていないことを「辛（つら）い」「恥ずかしい」と思わず楽しめる人がいる、その事実はなかなかの衝撃だった。「できていないことを指摘してもらえて」「『できない理由はここにあります』と教えてもらえて」「練習の仕方を指導してもらえて」……「できるようになった自分をイメージするとワクワクするんです」、だから「練習は楽しい」――そう笑顔で語る生徒さんたち。

できないことがあるということは、できるようになることがあるということ。「この年齢で伸びしろがあるなんて幸せです」――78歳ヴァイオリン歴2年の好々爺が笑う。脱帽。

楽譜11

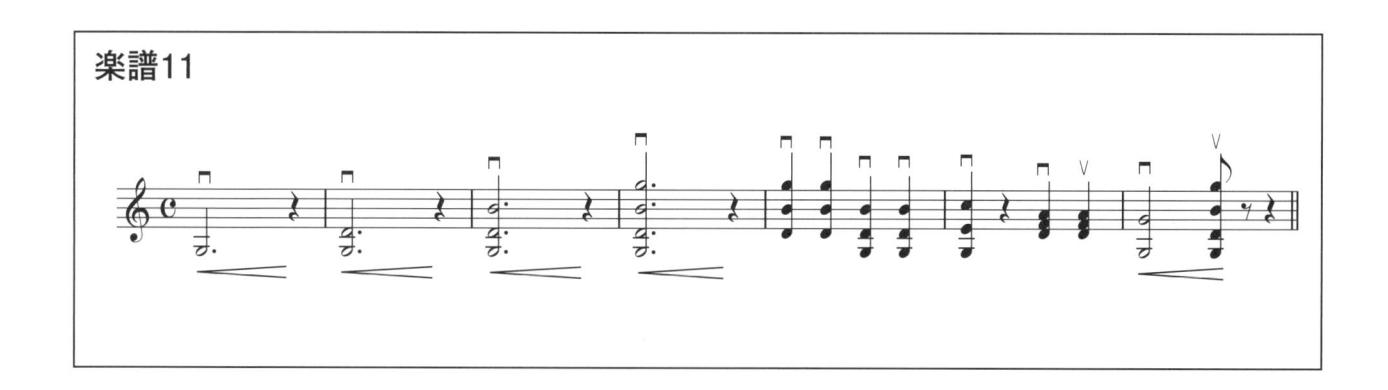

第12章

特別編——全調スケール

いつもの基礎練習にさらに5分プラスして本格的なスケールに挑戦してみよう。

数多（あまた）あるスケールの中で〝これ〟と選ぶのはとても難しい。今回は「基礎練習に組み込むとしたら」というお題で選んでみた【楽譜15】。このタイプのスケールは、『シュラディック』や『フリマリー』等のスケールスタディにも組み込まれている。

このスケールの特徴は、

○（開放弦0から始まるG-dur & g-mollとas-mollを除いて）すべてのスケールのフィンガリングが同じ。

○長調・短調それぞれのフィンガリングパターンが同じ。

○同一スケール内でのポジション移動がない。

○拡張や増二度といった負担の掛かるフィンガリングがない。

○第7ポジションまでのポジションを網羅。（しばしば体系的な練習に欠けるハーフポジションやハイポジションが含まれている）

○ヴァイオリンが自然に弾き切れる2オクターヴ。（3オクターヴほど無理がなく、1オクターヴより「らしさ」を感じることができる）

ちなみに、

○As-durとGis-durといった異名同音的スケールは、比較的使用頻度の高い調、あるいは耳馴染みのよい調を選択。

○短音階は、増音程による指の負担を避けるため旋律的短音階のみ記譜。（必要と考える人は和声的短音階を組み込んでもよい）

○オクターヴの区切りを明確に意識するため、主音を打ち直している。

○次のポジションに入る前に、耳と手の準備&切り替えのための〈ブリッジ〉を挿入。

♪

スケールは何のために練習するのか？ ——音程感（主に線的イントネーション）の獲得、そして、スケール演奏能力の向上と徹底のため。

演奏においては、ただ「音を取る」のではなく「よい音程で弾く」ことが理想だがこれが難しい。ヴァイオリンが持つ音高操作の自在性は音程の不安定性と表裏一体。音程の定まらない原因が、〈手〉ではなく〈耳〉にあることも少なくない。

スケール学習初期においては、今自分がしている練習が、「〈耳〉の能力アップ＝正しい音程を知るためのもの」なのか「〈手〉の能力アップ＝正しい音程で演奏するためのもの」なのかを意識することが大切。

♪

スケールを練習する時に重要なのは、

○「暗譜」で弾く→基礎練習は楽譜の再現を目的としているわけではない。毎回〝目〟で読みながら弾くのではなく、しっかり身体に入れて、九九を暗唱するようにスケールを弾ければベスト。それができてから次の段階に進む。

○「正しい調弦」で弾く→「正しい調弦で演奏する」ことも大切だが、「正しい調弦にする過程」が重要。その作業を繰り返すことで耳の能力を高め、純正5度を自然に求める耳を作ることが目的。

○「良い音」で弾く→良い音で弾かないと音程が正しいかどうか、わからない――「美しいスケールは美しい運弓を生み、美しい運弓は美しいスケールを生む」。

○「良い音程」で弾く→理論を勉強しただけでは、耳は育たない。自分の耳に自信がない人は、ヴィルトゥオーゾたちの演奏を聴く、先生に一緒に弾いてもらうなどして整ったイントネーションを耳に焼き付けていこう。

○「音の粒を揃えて」弾く→凸凹感のない滑らかなスケールが理想。

練習する上での注意事項は以下。

○レッスンに通っている人はこのスケールを練習していいかどうか先生に確認してほしい。スケールは個々の特性や学習時期に添った正しい選択と指導が必要。挑戦する場合は焦らず丁寧に進めていこう。

○スケールの練習に時間を掛け過ぎない。他の基本テクニックや楽曲の練習をおろそかにしては本末転倒。

○メトロノームは基本的に使わない。自身の持つ内的リズムを大切にし、それを律動的な演奏に正しく変換できるよう訓練しよう。

○ヴィブラートは掛けない。習慣化したヴィブラートはイントネーションの学習には邪魔。

○テンポ設定に注意する。鍛える前の耳は鈍く、指の速い動きに耳の判断が追い付かないことがある。最初はイントネーションを守れる速さで弾き、耳ができてきたら徐々に速度を上げていく。ただし、あまり遅すぎると「線」として捉え辛いので注意。

♪

慣れるまでは一つずつ練習していけばよい。目指すは全調連続演奏！

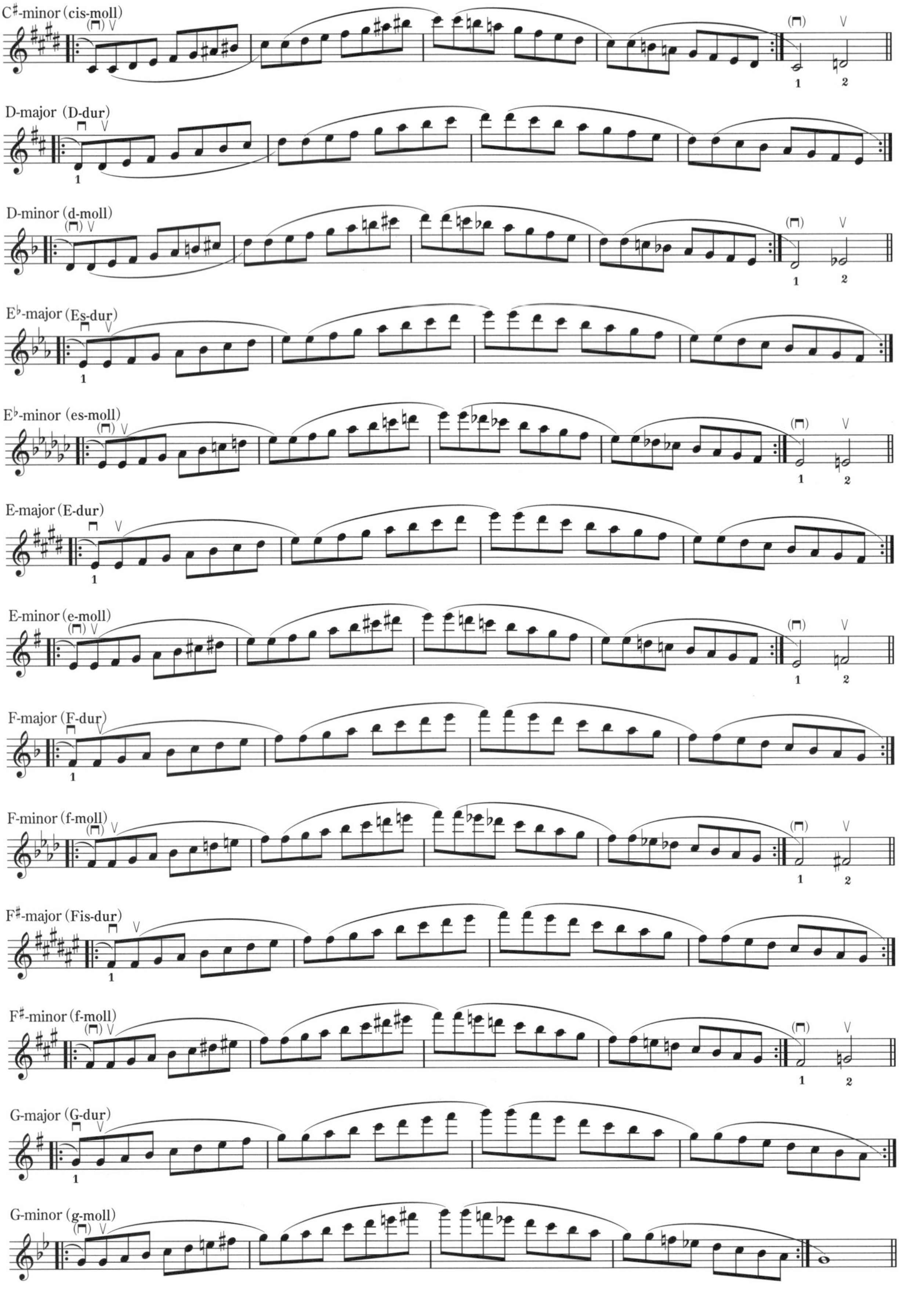
C♯-minor (cis-moll)
D-major (D-dur)
D-minor (d-moll)
E♭-major (Es-dur)
E♭-minor (es-moll)
E-major (E-dur)
E-minor (e-moll)
F-major (F-dur)
F-minor (f-moll)
F♯-major (Fis-dur)
F♯-minor (f-moll)
G-major (G-dur)
G-minor (g-moll)

楽譜15「Major and Minor Scales」—— through Two Octaves without change of position (within Limits of one Position)

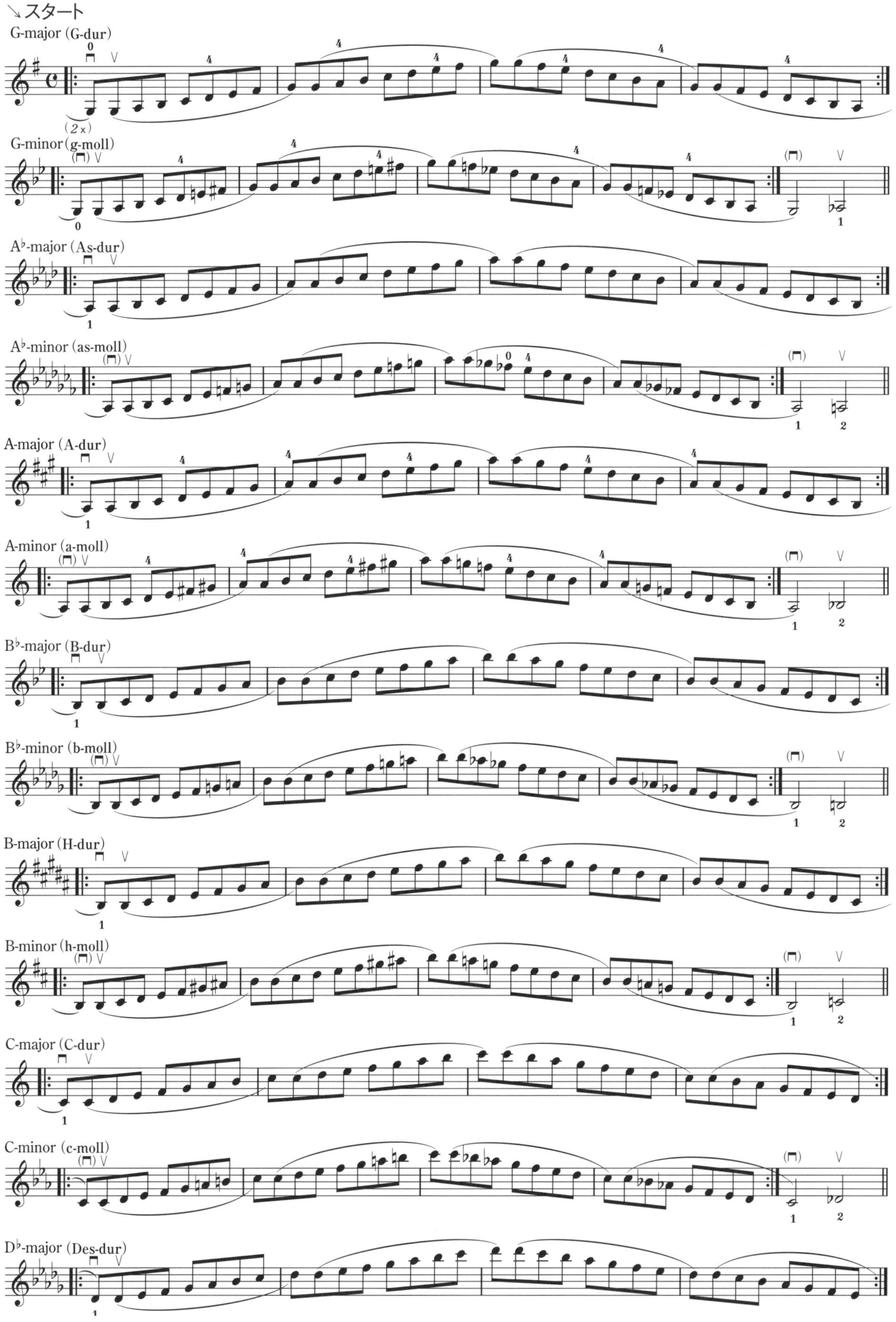

切り取り楽譜の使い方

いつでもどこでも基礎練習ができるように、
切り取り楽譜を用意しました。
必ず本文を読んで、課題の意味を理解した上で、
使っていただければと思います。

【使用上の注意】

○これらの基礎課題は漠然と回数こなしても意味がありません。事前に必ず、目的と注意事項を頭の中で確認し、それから弾き始めましょう。

○まったく手に入っていない状態で先の課題に進むことには問題はありますが、いつまでも一つの課題に固執することはもっと問題があります。ある程度手に馴染んできたらひとまず先に進んで、課題全部にひと通り目を通してから、改めて一つ一つの課題に取り組み直してください。

○ひとつの課題に時間がかかる人・かけたい人は、課題全部を一度に弾く必要はありません。1日5分で弾ける課題数を日課に組み込み、慣れてきたら少しずつ増やしていきましょう。

○同じ課題を何週間も何か月も弾き続けるよりは、「今日はこれ」「今日はこれ」と別なものを練習し、それをローテーションさせる方が効果的です。ただし、ランダム過ぎても身体には入りません。トレーニングメニューを作るように練習計画を立ててみるのもよいでしょう。

○基礎練習に時間を割いて、じっくり練習する日があっても、それは構いません。ただし、「高速運指」のようなトレーニング系の練習は一定の間隔で「休み」を入れ、身体を痛めないように注意してください。

◉ 切り取り楽譜

1-A

1-B

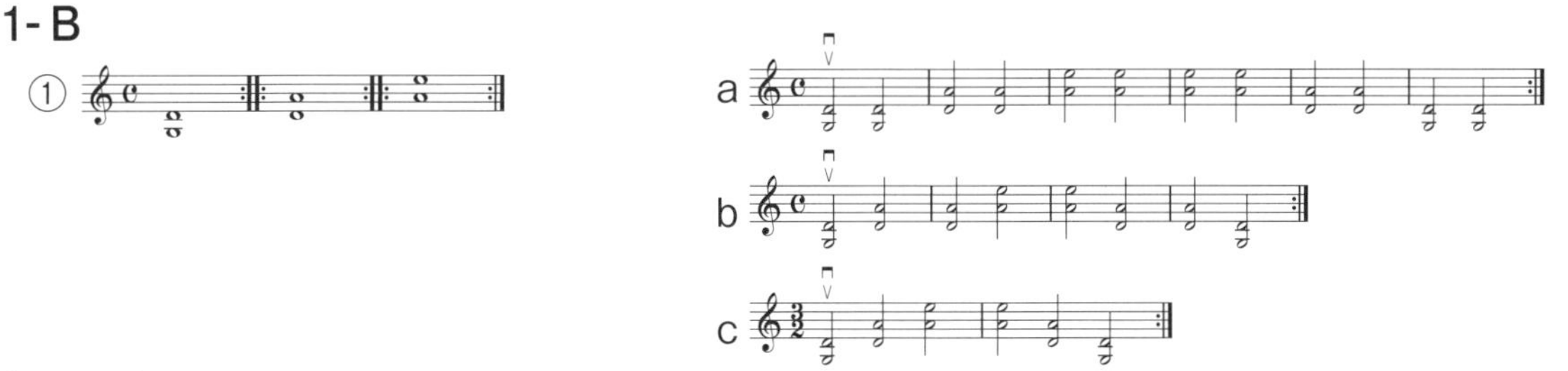

2

3

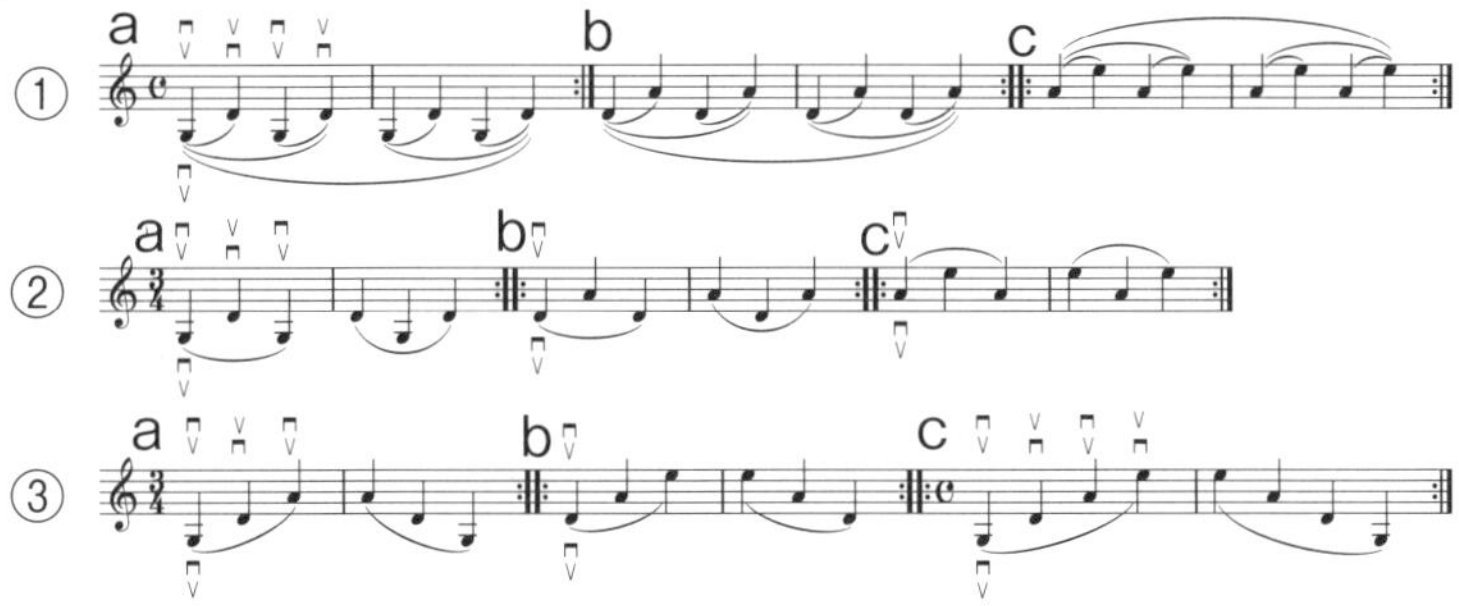

4

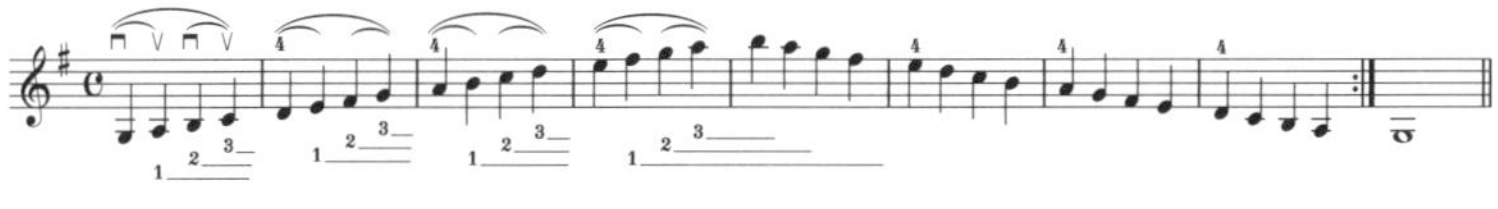

5

① 1) *mf* 2) *p* 3) *f* 4) *pp* 5) *ff*

② 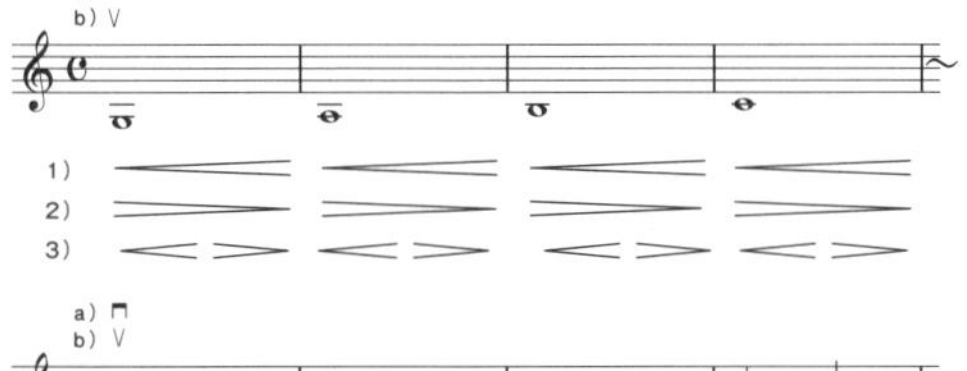

③ 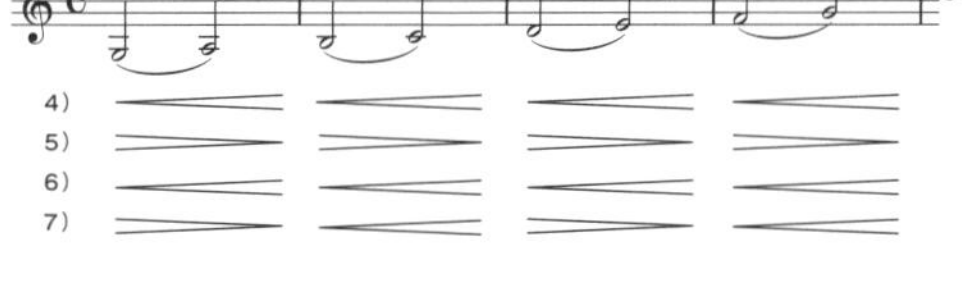

キリトリ線

キリトリ線

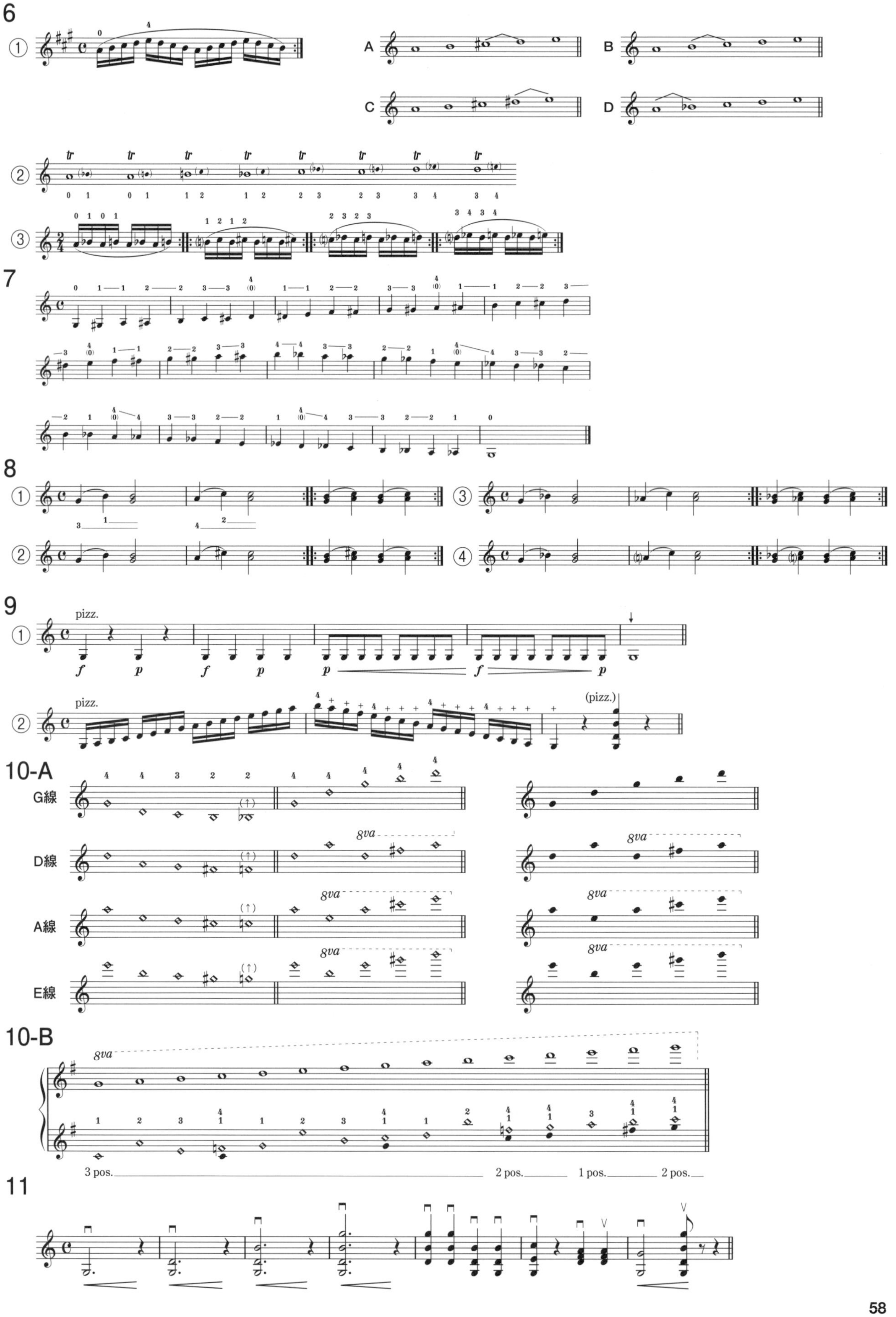
6
A
B
C
D
7
8
9
pizz.
(pizz.)
10-A
G線
D線
A線
E線
8va
10-B
3 pos.
2 pos.
1 pos.
2 pos.
11

◉練習計画を立ててみよう。 例えば、こんな表を使ってみてもいいかもしれない――。

練習予定表

年　　　　月

	楽譜	課題	1	2	3	4	5	6	7	8	9	10	11	12	13	14	15	16	17	18	19	20	21	22	23	24	25	26	27	28	29	30	31
1	A-①②	全弓・半弓																															
	B-①②	全弓・半弓																															
2	①〜⑤	部分弓																															
3	①〜③	移弦																															
4	—	「G-durのスケール」																															
5	①〜③	ディナーミク																															
6	①〜③	高速運指																															
7	—	水平前後軸運動																															
8	—	水平横軸運動																															
9	①②	ピッツィカート																															
10	A	ハーモニクス																															
	B	ハーモニクス																															
11	—	コード																															
12	24調 +2	全調スケール																															
備考																																	

計画的に物事を進めるのが苦手、あるいは、練習計画を立てるのが好き、そういった人々のために『練習予定表』を用意しました。

“義務”になってしまわないよう、くれぐれも気を付けて。

使い方はP.60を参照してください。

◉【練習予定表】の使い方（例）

基礎練習にちょっと慣れてきたAさんの今月の予定表

2019 年 4 月

	楽譜	課題	1	2	3	4	5	6	7	8	9	10	11	12	13	14	15	16	17	18	91	20	21	22	23	24	25	26	27	28	29	30	31
		曜日	月	火	水	木	金	土	日	月	火	水	木	金	土	日	月	火	水	木	金	土	日	月	火	水	木	金	土	日	月	火	—
1	A-①②	全弓-単音	○	○	○	○	○	○	○		○	○	○	○	○	○	○	○	○	○	○	○	○		○	○	○	○	○	○	○	○	—
	B-①②	全弓-重音	○					○							○							○							○		○	○	—
2	①～⑤	部分弓	○																												○	○	—
3	①～③	移弦		➊	➋	➌																									○		—
4	—	「G-durのスケール」		○	○	○																									○		—
5	①～③	ディナーミク									➊	➋	➌																		○		—
6	①～③	高速運指					➊	➋	➌					➊	➋	➌					➊	➋	➌					➊	➋	➌	○		—
7	—	前後軸運動（半音階）												○	○	○															○		—
8	—	横軸運動（重音三度）															◎														○		—
9	①②	ピッツィカート																➊	➋												○		—
10	A	ハーモニクス（自然的）																		○											○		—
	B	ハーモニクス（技巧的）																							○	○					○		—
11	—	コード																									○	○			○		—
12	24調+2	全調スケール	G g	As as	A a	B b	☆	☆	☆		H h	C c	Des cis	D d	★	★	★	Es es	E e	F f	☆	☆	☆		Fis fis	G* g*	G g	☆	☆	☆	○	As as	—
備考							☆スケールオケ曲と同調		オケ合奏	休み					★スケールレッスン曲同調	レッスン	重音三度徹底的に！						オケ合奏	休み						オケ合奏	全部弾いてみる！		

*スケールは長調と短調ワンセット
*レッスンやオーケストラの合奏前は、それぞれの課題曲と同じ調のスケールを練習
*基本、隔週月曜日は休養日
*月に一回「全部弾いてみるデー」を設定！　がんばるぞ～！
*重音三度は苦手だから、この日は15分練習☆

*＝ハイポジのG

あとがき

あるヴァイオリニストの言葉に、「人々は、あらゆる長所を兼ね備えた、他のすべてのものの代わりになる、ただ一つの、しかも、短くて優れた練習方法を夢見る」というフレーズがあります。みんな、そう考えるのだと思うと少しホッとしますが、そんな魔法のような練習方法はないという結論にガッカリもします。

それでも、今回ご紹介したような基礎練習たちは、その日の調子を整えたり、パフォーマンスを安定させたりすることはできます。そして、少しずつ積み重ねることで必ず何かを手に入れることもでき、それらを成長させることもできます。

ウォームアップや日課はあくまでも個人的なもので、「誰もが納得するもの」「誰にでも当てはまるもの」はありません。もちろん、ヴァイオリンを手に取ったすべての人が、必ず取り組まなければならない課題というものはあります。必ず練習した方がよい課題もあります。ただ、その練習方法は、弾く人自身が考え、自ら実践していかなくてはならないのです。

そうして、自身の身体的・技術的・精神的変化にも柔軟に対応できる〝自分なりの方法論〟〝自分だけの練習法（システム）〟を導き出すことができれば、パフォーマンスの向上は約束されたようなもの。挑戦するだけの価値はあります。

基礎練習においては特に、技術的学習が音楽的な目的から乖離しないよう注意しなければなりません。技術が音楽から切り離された瞬間、そのルーティンは単なる無益な習慣になってしまいます。それだけは心にお留めおきくださいますように。

＊

最後に。

書籍化に至るまでに本当に多くの方々にご支援ご協力いただきました。その方々すべてのお名前をここにご紹介できないことをお詫びすると共に、強く支えてくださった皆様に、深く感謝申し上げます。

森元志乃

２０１９年３月

photo by yumiko shiba

森元志乃（もりもと・しの）

ヴァイオリン&ヴィオラ奏者・教師、オーケストラ&アンサンブル・トレーナー。

桐朋学園大学音楽学部附属子供のための音楽教室広島教室卒。同大学音楽学部ヴァイオリン科卒業。ヴァイオリンを故齋藤秀雄、篠﨑功子氏らに、室内楽を江藤俊哉、安田謙一郎、江戸純子、八村義夫氏らに学ぶ。演奏活動のほかにワークショップや講演会を開催。

弦楽専門誌『ストリング』に「ヴァイオリン各駅停車（1995〜99年）」「ヴァイオリンぶらり旅（2004〜12年）』連載。『ヴァイオリン各駅停車』出版（2000年）［以上、レッスンの友社］。WEB弦楽誌にコラム「ヴァイオリン弾きの手帖（2013〜15年）」連載。『ヴァイオリン弾きの手帖』出版（2016年）［以上アッコルド社］。2017年より弦楽器雑誌『サラサーテ』にて「ヴァイオリン基礎テクニック、リターンズ！」連載開始。ほか「ヴァイオリン難易度ナビ」「ファーストポジションからの脱却」など数多く寄稿。『改訂版 ヴァイオリン各駅停車』出版（2017年）。［以上せきれい社］

森元志乃のヴァイオリン　基礎テクニック、リターンズ！

——1回5分の基礎練習で上達する

2019年5月1日 初版第1刷発行

著　者：森元志乃

発行者：佐瀬　亨

発行所：株式会社せきれい社
〒107-0052 東京都港区赤坂7-5-48
赤坂スカイハイツ502
tel.03-6685-5914 fax.03-6685-5913
郵便振替：00170-5-558880
E-mail：info@sarasate.jp

印刷所:PRINT BANK, Inc.
ISBN 978-4-903166-06-3

編集／伊東雨音
表紙・本文デザイン／A-10（松山佳幸）
イラスト／村野千草、森元志乃
楽譜浄書／久松義恭